대천덕
자서전

믿음이란
한 알의 밀알이 땅에 떨어져 죽음으로 많은 열매를 맺음과 같이
진리의 열매를 위하여 스스로 죽는 것을 뜻합니다.
눈으로 볼 수는 없으나 영원히 살아 있는 진리와
목숨을 맞바꾸는 자들을 우리는 믿는 이라고 부릅니다.
「믿음의 글들」은 평생, 혹은 가장 귀한 순간에
진리를 위하여 죽거나 죽기를 결단하는
참 믿는 이들의, 참 믿는 이들을 위한, 참 믿음의 글들입니다.

대천덕

개척자의 길

자서전

대천덕 R. A. Torrey III 지음 • 양혜원 옮김

홍성사

＊본문 중 221, 225, 237, 255쪽 사진 : 이남수

차 례

개척자의 길을 따라

"믿음의 주요 또 온전케 하시는 이(the pioneer and perfecter of our faith)인 예수를 바라보자"(히 12:2).

"내가 어려서부터 늙기까지 의인이 버림을 당하거나 그 자손이 걸식함을 보지 못하였도다"(시 37:25).

지금까지 살아 온 삶을 되돌아보니, 위의 두 구절이 특별히 마음에 와닿는다. 나는 지금까지 예수님만을 바라보며 이 길을 걸어 왔다. 예수님은 미국의 개척자들처럼 후대를 위해 앞장서서 '길을 트신' 분이셨다. 그러나 예수님께는 일반 개척자들과 다른 점이 하나있다. 그는 피로와 부르튼 발, 아픈 허리, 그리고 해가 져 버린 밤길 때문에 씨름하고 있는 우리들에게 되돌아오셔서, 부활의 능력으로 우리가 시작한 것을 끝낼 수 있도록 도와 주는 개척자이신 것이다.

'온전케 하시는 이'(perfecter)라는 말에는 '끝내게 하시는 이'(finisher)라는 뜻뿐만 아니라 '완성케 하시는 이'(completer)라는 의미가 있다. 예수님의 사역이 끝났다는 것은 한편으로 맞는 말이다. 예수님이 십자가 위에서 "다 이루었다"고 말씀하신 사실에 나는 늘 감격한다. 그러나 또 한편으로는 예수님이 시작하신 사역을 우리가 끝내야 한다(골 1:24). 우리는 완전하지도 않고 성숙하지도 않지만, 바울이 빌립보서 3장 12절 이하에서 말한 것처럼 새로운 완전을 향해 나아가고 있다.

"내가 이미 얻었다 함도 아니요 온전히 이루었다 함도 아니라. 오직 내가 그리스도 예수께 잡힌 바 된 그것을 잡으려고 좇아가노라…… 뒤에 있는 것은 잊어버리고 앞에 있는 것을 잡으려고 푯대를 향하여 그리스도 예수 안에서 하나님이 위에서 부르신 부름의 상을 위하여 좇아가노라…… 그러므로 누구든지 우리 온전히 이룬 자들(성숙한 자들)은 이렇게 생각할지니."

개척자였던 내 선조들의 삶이 바로 이러했으며, 내 삶 또한 마찬가지였다.

며칠 전에 시편 71편을 읽으면서 이 자서전에 참 적합한 말씀이라고 생각했다. 특히 17절과 18절이 인상 깊었다.

"하나님이여, 나를 어려서부터 교훈하셨으므로 내가 지금까지 주의 기사를 전하였나이다. 하나님이여, 내가 늙어 백수가 될 때에도 나를 버리지 마시며, 내가 주의 힘을 후대에 전하고 주의 능을 장래 모든 사람에게 전하기까지 나를 버리지 마소서."

이 자서전을 쓰면서 기도하는 바가 바로 이것이다. 즉 우리가 하나님의 능력을 힘입을 수 있다는 것과, 때로 힘겨울 때도 있지만 위대한 개척자이신 예수님은 우리가 따를 만한 분이라는 것을 보여 주고 싶다! 예수님은 우리가 스스로 알아서 하도록 내버려 둔 채 무작정 앞서 가는 분이 아니다. 그는 거듭거듭 되돌아와서 우리가 매일의 여정을 마칠 수 있도록 도와 주는 분이시다.

나에게 일어났던 일들을 써 나가다 보면, 당시에는 내가 그 의미를 깨닫지 못했던 일들도 쓰게 될 것이다. 그럴 때 읽는 이들이 궁금히 여기도록 내버려 두는 대신, 그런 일들이 생긴 이후에 하나님께서 내 삶에서 행하신 일들을 어떻게 이해하게 되었는지에 관해 시간 순서에 상관없이 이야기하려고 한다.

내가 천성적으로 모험을 즐기는 대담한 사람이라는 인상을 주지 않기 위해 미리 하고 싶은 말이 있다. 나는 모험을 좋아하고 새로운 길 개척하는 것을 좋아한다. 그러나 모험 그 자체를 즐기려고 그렇게 해 본 적은 한 번도 없다. 오직 예수님만을 바라보면서, 그 길이 내 앞에 '놓여 있다'는 것을 깨달은 후에만 그렇게 했을 뿐이다. 사실 그 길이 내 앞에 놓여 있다는 확신이 없었다면, 원래가 소심한 성품인 나는 몹시 두려워했을 것이다.

한번은 날이 어둑해질 무렵에 마차리에 있는 기차역에서 예수원이 있는 산으로 올라가야 했던 적이 있었다. 가다가 마차리 주민 몇

분을 만났는데, 고맙게도 나에게 마을에서 하룻밤 묵고 가라고 청하는 것이었다. "혼자 가기가 무섭지 않으세요?" 하고 그분들이 물었다. 만약 내가 혼자서 올라가는 것이었다면 그 어느 때보다도 무서웠을 것이다! 그러나 나는 예수님과 함께 간다는 것을 알고 있었기에, 그분들에게 내가 혼자 가는 것이 아니라 '예수'라는 사람과 함께 가는 중이라고 대답했다. 몇 년이 지난 후에 마을 사람들이 나를 '예수와 다니는 사람'이라고 부른다는 이야기를 들었다.

내 삶을 지배하는 자세 중 많은 부분은 수대에 걸쳐 그리스도인 가정을 이루어 왔던 선조들로부터 물려받은 것으로, 나는 이 점에 대해 그분들에게 깊이 감사드리고 있다. 우리 가족이 엄격하게 지킨 전통 중 하나는 각 사람은 개인적으로 하나님의 자녀로 거듭나야 하며, 하나님의 가족이 되는 것과 개개인의 가족 내력은 별개라는 것이다.

개척자적 정신이 몇 대 전부터 전해져 내려온 것인지는 모르겠지만, 나의 선조들은 훨씬 더 나은 것을 찾아 유럽을 떠나 미국으로 왔다. 그들의 삶은 히브리서 11장 13절 이하를 생각나게 한다.

"이 사람들은 다 믿음을 따라 죽었으며 약속을 받지 못하였으되 그것들을 멀리서 보고 환영하며, 또 땅에서는 외국인과 나그네로라 증거하였으니⋯⋯ 저희가 나온 바 본향을 생각하였더면 돌아갈 기회가 있으려니와 저희가 이제는 더 나은 본향을 사모하니."

그들은 미국에 도착한 후에도 한 곳에 정착하지 않고 계속 이주하면서, 세대가 바뀔 때마다, 혹은 한 세대 걸러 한 번씩 다른 곳으

나의 선조들은 훨씬 더 나은 것을 찾아 유럽을 떠나 미국으로 왔다.
-왼쪽부터 이디스 고모, 블랑슈 고모, 토리 할머니, 마가렛 고모, 아버지, 토리 할아버지.

로 이주해 살았다. 어머니는 7대에 이르는 맬러리(Mallary) 집안 출신이셨는데, 이들은 버몬트에서 조지아로 옮겨와 선교사와 선생으로 일했다. 그들 가운데는 종교박해 때문에 유럽을 떠난 지닐리아트(Gignilliats) 가문(이분들은 프랑스의 위그노들이었다)도 여러 대 있었다. 이들은 미국에 정착해서 부유한 농장주로 노예를 부리며 살 수 있는 기회를 얻었지만 양심의 가책 때문에 평안을 누리지 못하다가, 남북 전쟁으로 그 지역의 농장제가 폐지되었을 때에야 비로소 해방감을 누릴 수 있었다.

아버지 집안 사람들은 사업계와 정치계에서 일했는데, 역시 한 곳에 오래 정착하지 않았다. 할머니의 아버지는 선원이었다. 그는 나중에 선장이 되어 평생 여행하며 살았다. 우리 집에는 그 증조부님이 150년 전에 악명 높은 남미 케이프혼에서 위험한 여행의 기념품으로 가져온 전복 껍질들이 있었는데, 이것은 그 당시 매우 드문 것이었다.

토리 할아버지는 하나님을 무시하려는 생각으로 법률을 공부했지만, 어머니의 신실한 기도와 하나님의 성령께서 그가 예수님 앞에 굴복할 때까지 쉼을 주지 않았다. 그 이후로 동일한 성령께서 그의 나머지 삶을 새롭고도 알려지지 않은 길로 인도해 주셨다. 그의 개척자적 본능은 너무도 뿌리 깊어서, 그 누구도, 심지어 그의 자녀들조차도 자신을 그대로 따르기를 바라지 않았다. 그는 아들에게 예수님을 따르는 가운데 스스로 결론을 내리고 결정하라고 가르쳤다. 나는 논쟁이 되고 있는 어떤 교리에 대해서 아버지께 묻곤 했는데, 그 때마다 아버지는 "내 아버지는 이러이러하게 생각하셨고, 나도 그렇게 생각한다"고 대답하시곤 했다. 그리고서는 할아버지가 그렇게 확신했던 이유와 함께 아버지가 그렇게 확신하는 이유도 설명해 주셨다. 그 의도는 분명했다. 즉 '네 스스로 해결하라'는 것이다. 두 분 모두 신념의 근거를 성경에 두었고, 나는 논리와 성경, 그리고 궁극적으로는 자기 자신의 체험이 신앙과 행동의 근거가 된다는 확신을 가지고 자랐다. 그러나 내가 너무 어려서 그런 이유들을 이해하지 못했을 때는 오직 순종해야만 했다.

우리 가정에서 불순종하는 사람은 솔빗 뒷면으로 엉덩이를 맞았고, 좀더 자라서는 조랑말 채찍으로 맞는 벌을 받았다. 그래서 성경에 나오는 '순종'과 '불순종'이라는 말은 나에게 생생하고도 아픈 기억으로 남아 있다! 그러나 아버지는 가능하면 어떤 행동이나 명령 뒤에 숨어 있는 이유를 설명하려고 노력하셨다. 그것은 맹목적인 순종이 아니었으며, 그렇다고 단순히 이성과 논리에만 국한된 것도 아니었다. 오늘날까지도 나는 우리 가정의 특징이었던 논리적인 설득과 엄격한 처벌 사이의 균형이야말로 성경에서 하나님이 그분의 사람들을 다루시는 방법이었다고 생각하고 있다.

외할아버지 맬러리가 가졌던 가정 생활의 원칙은 친할아버지 토리의 원칙과 너무도 비슷해서, 그 자녀들이 결혼해서 아이들을 양육하기 시작했을 때 의견의 차이가 거의 없을 정도였다. 두 가정 모두 하나님으로부터 받았다고 여기는 것들이 많았으며, 이것은 자녀인 우리들에게 깊은 영향을 미쳤다. 두 가정 모두 믿음으로 사는 법

을 알았다. 그리고 두 가정 모두 수중에 돈이 다 떨어지고 없을 때
가 있었는데, 그 때마다 빚을 얻거나 하나님이 허락하시지 않은 일
을 하거나 후원금을 요청하는 쪽과 하나님이 일용할 양식을 주시도
록 맡기는 쪽 가운데 하나를 선택해야 했던 경험이 있었다. 그리고
두 가정 모두 하나님께 순종하고 신뢰하겠다고 결심했다.

4대에 걸친 우리 가정의 간증은 "의인이 버림을 당하거나 그 자
손이 걸식함을 보지 못하였도다"(시 37:25)는 것이었다. 내가 다녔
던 신학교의 교수님들이 이 구절을 성경에서 빼 버리고 싶어했을
때, 나는 속으로 웃으면서 그들의 무지를 불쌍히 여겼다. 월급을 받
으며 살 때에도 부모님의 눈은 월급에 가 있지 않고 하나님께 가 있
었으며, 재정적으로 무슨 일이 잘못되었을 때에도 한 걸음도 놓치
지 않고 예수님이 인도해 주시는 길로 따라갔다. 우리 가정의 가까
운 친구 가운데 중국 내지 선교회의 창시자인 허드슨 테일러 선교
사님이 있었는데, 우리 가정은 믿음에 대한 그의 가르침을 그대로
지켰다.

이처럼 우리 가정은 재정적인 면에서 하나님을 신뢰했을 뿐 아니
라 청지기 의식 또한 강하게 가지고 있었다. 돈을 낭비해서는 안 되
며 하나님이 명하시지 않은 것에 사용해서는 안 된다는 것이 우리
가정의 철칙이었다. 나는 어려서부터 "그것을 살 돈이 없구나"라는
말을 들으며 자랐다. 어렸을 때 우리 형제들이 가지고 싶어했던 것
들은 늘 이 말과 함께 거절당했다. 이 말은 비록 우리에게 부족한
것은 없지만 부자는 아니라는 것을 깨닫게 해 주었다. 우리가 살 수

없는 것이 너무도 많았기 때문에 나는 스스로 가난하다고 생각하면서 자랐고, 일찍부터 가난한 사람들과 나를 동일시할 수 있었다.

외증조 할아버지는 사회적인 지위나 안정을 얻기보다는 당신과 그 가정을 통해 하나님의 뜻이 이루어지기를 바랐는데, 그러한 자세는 아브라함 링컨 대통령이 노예 해방 선언을 했을 때 잘 나타났다. 그는 아내에게 "해방된 것은 바로 우리들이오"라고 말했다. 그는 100명의 노예를 소유한 그 지역의 부자 가운데 한 사람으로서 누리는 특권보다는 비성경적인 체제가 주는 부담을 훨씬 더 민감하게 느꼈던 것이다. 한 가지 짚고 넘어간다면, 노예 주인에게는 평생토록 노예들을 먹이고 입히고 의료 혜택을 줄 책임이 있었다. 그는 고용주처럼 아무 때나 노예를 '해고'할 수 없었다. 그러니까 자유 노동 체제보다 더 인간적인 면이 더러 있기도 했던 셈이다. 사실 이 두 가지보다 더 나은 것은 성경적인 토지 소유 원칙인데, 이것은 거의 실천되지 않고 있다.

순종에 대한 성경적 이상은 여러 세대에 걸쳐 우리 선조들과 나 자신의 가정 생활에 가장 강력한 힘이 되었다. 부모님은 대학을 갓 졸업한 후, 하나님의 인도하심에 따라 우리 믿음의 개척자이시며 온전케 하시는 분인 예수님을 따라 중국으로 갔다. 물론 그분들은 토리 할아버지가 가르치신 성령 세례를 잘 알고 있었지만, 그분들이 다녔던 학교는 그 당시 다른 많은 학교들처럼 이 문제에 관해서만큼은 성경을 무시했고, 부모님도 당신들을 위해 이 축복을 주장하지 않았다. 그러나 중국에 도착한 지 얼마 지나지 않아 성령 세례 없이는 결코 성공적인 선교사가 될 수 없다는 사실을 깨닫게 되었다.

부모님은 1913년에 중국에 도착하자마자 언어 공부를 시작했는데, 곧 서로를 마주 보며 "성령의 능력 없이는 결코 이 일을 할 수가 없겠군. 우리 성령 세례를 달라고 기도로 간구합시다"라고 말하게 되었다. 부모님은 성령 세례를 간구했고, 그 때부터 성령의 능력으로 일했다. 그 결과는 매우 성공적이었다.

1916년에 누나가 태어났고, 우리 가족은 산동 지역의 수도인 제남에 장로교 선교사로 자리를 잡았다. 나는 그 곳에서 음력으로 뱀띠 해인 1917년 12월 6일에 태어났는데, 그 때부터 뱀처럼 이리저리 꼬인 삶을 살았다! 그 날은 양력으로 1918년 1월 19일이었다. 내가 아기 때 부모님의 첫 안식년을 맞아 미국으로 먼 여행을 했고, 토리 할아버지는 나를 위해 헌신예배를 드리셨다. 어머니의 가정은 침례교였고, 어머니나 아버지 가정 모두 유아 세례에 의문을 가지고 있었지만, 첫아들을 바치는 것은 성경적이라고 생각하셨다.

1919년에 다시 중국에 돌아온 우리 가족은 주로 시골에서 살았는데, 미국의 기준으로 보면 다소 원시적인 삶이었다. 몇 년 후 우리도 다른 선교사들처럼 제남에 좋은 집이 생겼다. 우리는 다른 그리스도인들에 비해 너무 잘 산다는 사실에 부끄러움을 느꼈다. 실제로 이후에 선교사들의 좋은 집은 '제국주의'를 향한 비난의 표적이 되었고, 분노한 학생들이 선교사를 반대하는 시위를 벌이기도 했다. 부모님은 좋은 집과 함께 사람을 부릴 만큼 넉넉한 월급을 받았지만, 아버지는 직접 손으로 일하기를 그만두지 않았다. 아버지의 손재주는 매우 뛰어났는데, 기계를 고치거나 집안의 전기나 하수구 등을 수리하고 자전거나 자동차를 고치는 일을 무척 좋아하셨다. 아버지가 처음 중국의 시골에서 선교 사역을 시작했을 때는 다른 교통수단 없이 그냥 걸어서 다니다가 후에는 말을 타고 다녔고, 또 그 다음에는 기도의 응답으로 오토바이를 얻어서 타고 다녔으며, 나중에는 차를 타고 다녔다. 아버지는 직접 차 정비하는 일을 즐거워했고, 기계를 참 잘 다루셨다. 그 당시에는 오토바이나 자동차가 흔하지 않았기 때문에, 정비소나 정비공이 드물었다! 우리 집안은 직접 물건을 보수하고 수리하는 일이 설교와 교육과 상담이라는 긴장되고 지치는 일에 즐거운 변화를 줄 수 있다고 여겼다. 나도 집안의 이런 내력을 따라 수작업을 좋아하고 손재주도 물려받았으며 (하지만 손재주는 단순히 유전되는 것이 아니라 개발되어야 한다), 아버지의 창의성도 물려받았다.

제남에 있는 우리 집은 선교사 거주 지역(이것은 후에 또 하나의 신랄한 비판의 대상이 되었다) 안에 있었고, 거기에는 우리와 비슷한 또래의 자녀들을 가진 선교사 가정이 몇 있었다. 나는 그 친구들이 나중에 커서 무엇 무엇이 되겠다고 이야기하는 것을 듣곤 했다. 어떤 아이는 소방수가 되겠다고 했고, 어떤 아이는 은둔자가 되어 나무에서 살겠다고 했으며, 또 어떤 아이는 간호사나 의사가 되겠다고 했다. 당시 만 다섯 살이었던 나는 친구들이 어떻게 그것을 알까 하는 의문을 품었고, 그렇다면 나는 과연 뭐가 될까 하는 생각을 하

"너는 커서 뭐가 될래? 아마 아버지 같은 사람이 되겠지?"
-뒤에 선 이가 아버지 R. A. 토리 2세이며, 어린 대천덕을 안고 있는
이가 할아버지 R. A. 토리 1세이다. 1919년.

게 되었다.

그러던 어느 날, 우리 집에 놀러 온 동네에 사는 할머니 한 분이 내게 물었다.

"그래, 너는 커서 뭐가 될래? 아마 아버지 같은 사람이 되겠지?"

나이 든 분들을 존경하고 그분들께 순종해야 한다는 가르침과, 아버지의 길을 따르는 중국의 전통, 그리고 또 어떤 심리학적이나 영적인 요인들이 작용했는지는 모르겠지만, 나는 "그렇겠지요" 하고 풀죽은 소리로 대답했다. 그리고 그 후로도 사람들이 커서 무엇이 되고 싶으냐고 물으면 "아버지 같은 일을 하겠지요, 뭐" 하고 대답하곤 했다.

나는 그것을 피할 수 없는 일이라고 생각했고, 그 후로도 거의 13년 동안 그것에 대해 의문을 가지거나 반대할 생각을 하지 못했다. 그러나 속으로는 슬펐다. 친구들은 다들 너무나 신나는 계획들을 가지고 있는데, 나는 이렇게 삶을 개척하지도 못하고 평생 남이 한 것을 따라서 선교사라는 지루한 인생을 살아야 하다니. 그 때도 나에게는 개척자의 삶을 살고 싶은 욕망이 있었다. 그러나 그 욕망보다는 하나님께 순종해야 한다는 신념이 더 강했다.

나중에 대학에 가서 하나님이 정말로 계시는지 확실히 모르겠다는 생각이 들었을 때에야 나는 비로소 이 운명으로부터 벗어날 수 있을지도 모른다는 희망을 가지게 되었다! 만약 하나님이 안 계시다면 그에게 순종할 의무도 없을 뿐만 아니라 선교사가 될 수도 없지 않겠는가! 그래서 나는 하나님이 존재하지 않는다는 것을 증명하거나, 적어도 계시다는 것을 분명하게 증명할 수 없게 되기를 바랐다. 그러면 친구들처럼 자유롭게 신나고도 즐거운 일을 할 수 있을 것 같았다. 그 당시 내가 생각했던 가장 흥미로운 일은 핵물리학자가 되는 것이었다.

그러나 이제 와서 되돌아보니 내 아버지의 길을 따라간다는 것은 곧 예수님의 길을 따르는 것이었다. 그리고 예수님께서는 내가 감당할 수 없을 만큼 큰 흥분과 모험으로 나를 이끄셨다! 실제로 나와 아내는 "우리 생활이 조금만 더 단조로웠으면!" 하고 바란 적이 많다. 예수님을 따르는 일은 단조로운 생활과는 정말 거리가 멀었던 것이다! 나는 여러분과 함께 예수님과 동행하면서 겪은 모험담의 일부(이것은 정말 일부에 불과하다)를 나누고자 한다. 이 이야기를 통해 더 많은 다른 이들이 이러한 모험에 뛰어들 용기를 얻었으면 좋겠다.

상처

　유년기에 아버지는 선배 선교사들이 일하던 영역을 넘어 산동 지역의 시골을 개척했다. 아버지는 여기를 '그 시골'이라고 불렀다. 당시에는 소와 달구지가 주요 교통수단이었는데, 아버지는 좀더 효율적으로 시골 사역을 하기 위해 자동차를 구했다. 길에는 바퀴자국이 깊이 패였고, 우기에는 도저히 사용할 수가 없었으며, 건기에는 먼지가 말도 못하게 많았다. 아버지는 아버지 일을 돕고 자동차 정비 일을 하게 하려고 젊은이 한 사람을 고용해서 훈련시켰다. 아버지는 처음에는 포드 자동차를 쓰다가 닷지로 바꾸셨다. 이 자동차 사용의 유용성에 대해서 대략 말한다면, 소 달구지보다는 조금 빨랐지만 황하를 건너다가 진흙에라도 빠지는 날에는 이틀이 걸려서야 겨우 목적지에 도달하는 정도였다.

그 강에는 거룻배가 있었는데, 자동차를 이동시킬 때는 단단한 나무 판자를 강둑과 배 사이에 놓은 후 차를 올려야 했고, 강 건너 편에서도 같은 방법으로 차를 내려야 했다. 이 일이 순조롭게 진행되는 때도 있었지만, 썰물일 경우에는 종종 진흙바닥이 너무 넓어져서 판자로 잇기가 쉽지 않았을 뿐 아니라 때로는 거룻배가 강 아래로 몇 미터씩 이동하는 바람에 판자가 비뚤어져 차가 진흙에 빠지는 경우도 있었다. 이 진흙구덩이에서 차를 빼내려면 여러 시간 애를 써야 했다.

닷지 여행용 자동차에 부모님과 누나와 나, 유모와 기계공이 다 탄다는 것은 무리였다. 그래서 부모님과 함께 일하던 독신 여성 선교사 엠마 베니 아주머니는 주로 소달구지나 마차를 타고 다녔다. 엠마 아주머니는 당시 그 지역에서 유일하게 2층집에 살았다. 우리는 그 집에 놀러가는 것을 아주 좋아했는데, 엠마 아주머니가 친절하고 따뜻한 사람이어서도 그랬지만 '통나무집 시럽'을 먹는 재미 때문이기도 했다. 엠마 아주머니가 통나무집 모양의 깡통에 담아 놓은 시럽을 팬케이크나 와플에 발라 먹으면 정말 맛이 좋았다.

어머니는 베니 아주머니와 함께 여전도회에서 일하면서, 나와 누나에게 읽기와 쓰기를 비롯한 초등학교 교과 과정을 가르쳤다. 교회가 어떠했는지는 정확하게 기억이 나지 않지만 매우 작았던 것만큼은 확실하다. 아버지는 읍내에서 만났던 사람들과의 관계를 유지하기 위해 여러 마을을 방문했다. 그리고 개량종 곡식을 소개하고 위생 관리도 가르쳐서 그 지역 사람들의 전반적인 생활 여건을 개

선하고자 했다. 그러던 몇 년 후, 아버지가 오랫동안 방문하지 못했던 한 마을에서 어떤 사람이 찾아왔다. 아버지가 지난 가뭄에 그 마을은 어땠느냐고 물었더니, 그는 놀라운 대답을 했다. 목화 덕분에 그 마을의 전반적 생활 수준이 나아졌을 뿐만 아니라 가뭄의 피해가 거의 없었다는 것이었다. 아버지가 "하지만 그 지역에서는 목화가 자라지 않을 텐데요!"라고 말하자, 그 사람은 이렇게 대답했다.

"옛날 목화 종자는 우리 지역에서 자라지 않지요. 그런데 우리 마을에 사는 어떤 사람이 당신이 미국산 긴 목화에 대해 이야기하는 것을 듣고 그것을 한 번 심어 보기로 했어요. 사람들은 그가 작물을 망칠 것이라고 했지만, 놀랍게도 성공했습니다. 그래서 우리 모두가 긴 목화를 재배하기 시작했고 좋은 가격을 받았지요."

1997년에 딸 버니와 함께 그 마을에 간 적이 있다. 내가 그 마을을 떠난 지 70년 만이었다. 우리는 그 교회를 쉽게 찾을 수 있었다. 교회는 3년 전에 정부로부터 넓은 땅을 사기 전에는 수년 동안 개인 가정에서 모임을 가졌다. 마침내 정부는 그들에게 교회를 지을 수 있도록 허가를 내 주었고, 그들은 독립된 방이 여러 개 있어서 목회자와 교회 봉사자들이 다 살 수 있을 만큼 크고도 아름다운 건물을 지었다. 우리는 열렬한 환영을 받았고, 그 중 한 사람은 방에 가서 60년 전에 찍은 사진을 가져오기도 했다. 거기에는 부모님과 남동생과 그 당시 교인들의 모습이 담겨 있었다.

우리는 그 교회에서 내 남동생과 교회 밖에서 놀곤 했다는 한 사람을 만났다. 그는 성인이 되자 그 마을을 떠나 중앙아시아에 있는 신강으로 가서 교회를 개척했다고 한다. 그가 40년 만에 처음으로 고향에 돌아왔다가 우리와 우연히 마주치게 된 것이다. 우리는 같은 방에 지내면서 이야기를 나누었는데, 말을 하다 보니 어릴 때 쓰던 중국어가 다시 살아났다. 그래서 중국을 여행하며 북경어를 배운 버니가 산동 방언에 어려움을 겪을 때마다 도움을 줄 수 있었다.

그 교회에는 목사 두 명과 전도사 한 명이 있었는데, 그들은 자신들이 외국으로부터 어떤 원조도 바라지 않으며, 자급자족 · 자치 · 자력 성장을 하고 있다는 사실을 내게 납득시키고 나서야 이런저런 질문을 던지기 시작했다. 중앙아시아에서 온 그 형제의 존재는 그들이 자력 성장을 하고 있다는 분명한 증거였으며, 아름다운 교회 건물과 거기에 딸린 여러 개의 방, 교회 소유의 땅을 표시하는 경계선, 그리고 거기서 재배하는 여러 가지 것들은 그들이 자급자족하고 있다는 것을 증명하고 있었다.

나는 그 군에 그리스도인이 몇 명이나 있느냐고 물었다. 그들은 10,000명이라고 대답했다. 그래서 그 군의 인구가 몇 명이냐고 했더니 40,000명이라고 했다. 그리스도인이 전체 인구의 25퍼센트로 늘어난 것이다! 하나님은 부모님과 베니 선교사님의 사역을 사용하셔서 그분들이 떠난 한참 후까지 역사해 오신 것이다. 하나님을 찬양하라!

'제3문화 아이들', 혹은 '선교사 자녀들'로 알려진 아이들이 선교사들의 문화 속에 살다가 미국 문화에 적응하는 데에는 어려움이 따랐다. 그들은 이 두 가지 문화 사이에서 긴장을 느꼈다. 안식년을 맞아 우리 가족이 미국에 갔을 때, 나는 또래 아이들에게 '중국 아이'로 통했고 열등감을 많이 느꼈다. 하지만 나는 선교사들의 문화, 즉 내가 자란 배경에서는 '근본주의자'(fundamentalist)라고 이름 붙여진 그 문화 외에 다른 문화를 받아들일 생각은 하지 않았다. 몇 년 후 나는 할아버지가 〈근본〉(The Fundamentals)이라는 제목으로 몇 권의 소책자를 쓰셨고, 그 책 제목 때문에 근본주의 운동이 그 이름을 얻게 되었음에도 불구하고 대부분의 근본주의자들이 성령 세례에 대한 할아버지의 가르침을 무시하거나 거부했다는 것을 알게 되었다. 이 성령 세례를 받느냐 여부에 따라 우리는 바리새적인 태도를 갖게 될 수도 있고 개척자이신 예수님과 살아 있는 관계를 맺을 수도 있다.

우리 가정의 '세상'에 대한 태도(나도 이런 태도를 가졌다) 때문에 나는 많은 어려움을 겪었다. 교실에서는 나를 깎아내리는 별명을 들어야 했고, 학교 운동장에서는 싸움을 벌이는 것이 일상이 되어 버렸다. 나는 미국이 점점 더 싫어졌다. 수년 후에 기억의 치유를 위해서 기도하는 중에 나는 가슴에 심한 통증을 느꼈는데, 그것은 순간적으로 수년 전 운동장에서 싸우던 소년의 마음으로 돌아갔기 때문이었다.

우리는 중국에서 일어난 전쟁 때문에 미국에서 3년 반 동안 안식년을 보내다가, 중국 정세가 드디어 안정되고 국민당의 세력이 확고해짐에 따라 중국으로 다시 돌아갈 수 있었다. 당시 초등학생이었던 나는 크게 안도하면서 미국을 떠나 나의 집으로 돌아갔다. 3년 반 동안 중국어를 하지 않았기 때문에 내 중국어 실력은 많이 녹슬어 있었다. 그리고 미처 중국어 실력을 제대로 닦기도 전에 우리 남매는 중국 북부의 미국인 학교에 가게 되었다. 그 학교에서는 중국어가 선택과목이었다. 나는 중국어를 너무 많이 잊어버렸다는 데 수치심을 느꼈고, 다시 중국어를 공부할 수 있는 기회가 주어지지 않는다는 데 분노를 느꼈다.

중국에 돌아갔을 때 그 무엇보다 내 마음을 아프게 한 일이 있었다. 그 일은 내 무의식 속에 깊이 묻혔다. 치앙 다 니앙이 운명했다는 사실을 뒤늦게 알게 된 것이다. 치앙 다 니앙은 내 '아마'였는데, '아마'는 중국어로 '유모'라는 뜻이다. 나는 친어머니보다 아주머니와 더 가깝게 지냈다. 친어머니는 선교사의 책임을 다하느라 무척 바빴다. 그리고 멀리 여행해야 하는 경우도 종종 있었다. 어머니는 내게서 멀리 떨어져 있는 친절한 백인 여성이었지만, 치앙 다 니앙은 오로지 나와 헬렌, 그리고 내가 만 다섯 살 때 태어난 여동생 이디스 클레어만을 돌보아 주는 사람이었다. 아주머니는 우리와 항상 함께 있었고 나는 아주머니를 깊이 사랑했다.

1926년에 미국에 가게 되었을 때 나는 치앙 다 니앙도 우리와 함께 가는지 어머니께 여쭈어 보았다. 돌아갈 준비를 하는 모습을 보니 아주머니는 데려가지 않을 것 같았기 때문이었다. 어머니는 아주머니가 우리와 함께 갈 수 없다고 대답했다. 어머니의 목소리는 아주 부드러웠지만, 그 밑에 내가 이런 생각을 했다는 것 자체를 의

"빼빼 마른 바나나는 중국인 유모가 있었는데, 유모는 죽고 말라깽이는 울었대요."
―유모의 손을 잡고 있는 어린 대천덕(오른쪽 맨끝). 1920년.

외로 생각하는 마음이 있음을 알 수 있었다. 더 이상 그 문제를 꺼내서는 안 된다는 것을 깨달은 나는 무의식 속에 그 슬픔을 묻어 버렸다.

수에즈를 거쳐 미국으로 가는 배에서 상해에서 온 한 영국인 가족을 만났다. 그들은 중국에서 사업을 했는데, 전형적인 '제국주의자'(그 당시에는 이 용어를 몰랐지만)의 태도를 가지고 있었다. 그 집 아이들은 노래를 만들어 나를 놀려댔다.

"삐삐 마른 바나나는 중국인 유모가 있었는데, 유모는 죽고 말라깽이는 울었대요. 삐삐 마른 바나나!"

나는 몸이 매우 말랐고, 중국인 유모가 있었다. 그 노래는 아주머니를 향한 애정을 겉으로 나타내서는 안 된다는 경고와 같았다. 이것은 하나님의 뜻과는 너무나도 다른 것이었다. 하나님을 인정하지 않는 세상이 하나님의 뜻처럼 근엄했던 어머니의 목소리와 맞물려 내 안에 수치심을 일으킴으로써 내 슬픔을 완전히 묻어 버리도록 압력을 가했다.

나는 치앙 다 니앙의 죽음 앞에 무감각한 척했다. 사실 아주머니의 진짜 죽음은, 내가 3년 반 동안 아주머니와 떨어져 있었을 때, 그리고 아주머니를 소중히 여겨서는 안 된다는 것을 알게 되었을 때 이미 온 것이다. 그러한 상황과 그 상황을 야기시킨 제국주의적 제도를 향한 내 슬픔과 분노는 미국인과 영국인, 심지어 영어에 대한 태도에까지 영향을 미쳤다. 우리가 1926년에 안식년을 위해 제남을 떠날 때 거리에서 데모를 하던 학생들을 이해할 수 있었던 것은 제국주의에 대한 나의 개인적인 분노 덕분이었다. 우리는 '이방의 제국주의자들'로 몰려 돌을 맞을까 두려워하며 지붕이 있는 마차를 타고 역까지 가야 했다.

대학에 다닐 때 "우리 미국인의 장점 중 하나는 솔직하다는 것이다"라고 나 스스로 말하는 것을 들었을 때, 나는 내 인생에서 처음으로 내가 미국인에 대해 호의적인 말을 했고, 또 처음으로 '우리 미국인'이라는 표현을 썼다는 것을 깨달았다. 내 나이 스무 살 때의 일이었다. 그러나 하나님께 최종적인 치유를 받은 것은 마흔두 살이 되어서였다. 그 때 나는 서울 근교에 있는 기도원에서 중국인 학생들의 수양회를 인도해 달라는 요청을 받았다. 영어권 동료들이 나의 내적 치유를 위해서 기도해 주었지만 내 무의식이 그들의 기도를 거부한다는 것을 깨달았다. 그래서 중국인 학생들에게 나의 모국어로 나를 위해 기도해 달라고 했는데, 나는 그 때서야 그들의 기도를 받아들일 수 있었고 하나님께서 일하시게 할 수가 있었다. 나는 궁극적인 슬픔과 분노를 치유받았다.

그러나 자신의 목적에 따라 부르심을 입은 자들에게 모든 것이 합력하여 선을 이루게 하시는 하나님께서는 백인 제국주의자들에게 억압받는 심정으로 지냈던 그 40년을 사용하셨다. 나는 그 감정 때문에 가난하고 억압받는 자들과 나 자신을 동일시할 수 있었다. 그리고 그 감정 때문에 가난한 자의 외침을 담은 책들을 읽을 수 있었고, 다음과 같은 성경의 외침에 귀 기울일 수 있었다.

"여호와께서 의로운 일을 행하시며 압박당하는 모든 자를 위하여 판단하시는도다"(시 103:6).

"권세 있는 자를 그 위에서 내리치셨으며 비천한 자를 높이셨고 주리는 자를 좋은 것으로 배불리셨으며 부자를 공수로 보내셨도다"(눅 1:52-53).

"주의 성령이 내게 임하셨으니 이는 가난한 자에게 복음을 전하게 하시려고 내게 기름을 부으시고 나를 보내사 포로된 자에게 자유를, 눈먼 자에게 다시 보게 함을 전파하며, 눌린 자를 자유케 하고"(눅 4:18).

중국에서 자란 나는 사회 문제, 특히 그 당시 지배적이던 가난에 무심할 수 없었다. 나는 우리 가족이 상대적으로 잘산다는 점에 죄책감을 느꼈고 가난의 원인과 가능한 해결책을 알아 내려고 계속 노력했다. 구걸하는 사람들에게 그저 주기만 하는 것은 궁극적인 해결책이 못 된다는 것을 일찌감치 깨달은 나는 궁극적인 해결책을 제시하고자 하는 사람들에게 매료되었다.

그래서 고등학교 때에는 '사회주의'가 무엇인지 잘 모르면서도 거기에 마음이 끌렸다. 미국에서 노먼 토마스가 사회주의측 공천 후보로 대통령 선거에 출마했을 때 나는 깊은 관심을 가졌다. 대학에서는 중국에 대한 책을 많이 읽었는데, 그 중에는 모택동과 적군(赤軍), 중국 공산당의 대장정에 대한 것들도 있었다. 나는 사회주의보다는 공산주의가 더 현실적이라고 생각하게 되었고, 후에 선원이 되었을 때는 공산주의를 지지해 마르크스와 레닌과 스탈린의 작품을 거의 다 읽었다.

선원들은 두 부류로 나뉘었다. 한쪽은 생계를 위해서 일할 뿐 사회 문제나 윤리에 대해서는 전혀 관심이 없는 사람들이었고, 또 한쪽은 노조, 계급 투쟁, 사회 정의에 관심이 있는 사람들이었다. 이들은 프롤레타리아의 목적을 실천하기 위해 자신의 시간과 돈을 기꺼이 희생할 뿐 아니라 여러 가지 위험도 감수할 준비가 된 사람들이었다. 나는 다양한 방법으로 이들과 함께 일했지만, 이들이 하나님을 믿지 않았고 종종 목적으로 수단을 정당화하려 했으며 내가 동의할 수 없는 일들을 하려고 했기 때문에 항상 걱정이 되었다. 나는 이 문제의 가장 단순한 해결책은 내가 직접 이 그룹을 맡아서 이들의 필요를 채워 주는 한편, 나의 기독교 신앙과 대치되지 않는 행동을 하게 하는 것이라는 것을 깨달았다. 그래서 이 생각을 실천에 옮겼지만 이들 가운데 어느 누구도 그리스도께 인도할 수는 없었다.

나는 내가 가진 사회적 신념을 나눌 수 있을 뿐 아니라 경제 문제를 해결하기 위한 체계적인 프로그램을 가지고 있는 그룹을 교회 안에서 찾지 못해 오랫동안 어려움을 겪었다. 때가 이르자 영국 성공회의 F. 헤이스팅즈 스마이스(F. Hastings Smyth) 신부를 알게 되었는데, 그는 신학자이자 경제 분석가였다. 스미스 신부는 나처럼 실천적 이론에서는 마르크스주의자였고 공산주의와 협력했지만, 가톨릭 전통에 서 있는 신학자로서 일관성을 지니고 있었다. 가톨릭의 전통에서는 영적인 가치를 전달하는 물리적 매개체인 세례식이나 성만찬 같은 성례를 강조한다. 여기에는 변증법적 유물론도 제대로 사용하기만 한다면 영적인 가치로서 사회 정의를 실현할 수도 있다는 뜻이 담겨 있다. 스미스 신부는 〈하나님 안에 들어온 인성〉(Manhood Into God)이라는 제목의 신학 책을 썼는데, 여기서 그는 성육신(말씀이 육신이 되신 것)의 교리를 기독교 신학의 중심에 놓았다. 후에 그는 〈주님의 몸을 분변하는 일〉(Discerning the Lord's Body)이라는 책도 썼는데, 여기서는 정치·경제를 포함한 실제 생활과 성체 성사(영성체) 사이의 관계를 보여 주고 있다. 나는 스미스 신부의 가톨릭 복지 협회(Society of the Catholic Commonwealth)에서 몇 년 간 왕성한 활동을 했지만, 그 모임은 독신 공동체였기 때문에 비중 있는 역할을 감당할 수 없었다. 스미스 신부가 죽었을 때 그 공동체의 마지막 회원이 그 모임을 해체했고, 우리는 더 이상 모임을 가지지 않았다.

나는 다시 한 번 실천적 사회 운동 프로그램을 가진 기독교 단체를 찾는 고아가 되었다. 그 때 아내가 성공회 부인들을 위한 수양회에서 헨리 조지(Henry George)를 소개받고 집에 와서 내게 그의 이야기를 해 주었다. 나는 그가 쓴 〈진보와 빈곤〉(Progress and Poverty)을 읽으면서 그가 사회주의와 마르크스주의를 어떻게 비평했는지 보았고, 드디어 성경의 가르침과 완벽하게 일관된 체계를 발견했다. 하나님을 '창조주'로 일컬은 조지의 표현은 새로운 것이었다. 나는 그가 성경을 매일 읽는 성공회 집안에서 자랐다는 것을 알게 되었다. 실제로 헨리 조지의 문체는 영어 성경과 아주 비슷했다.

시간이 지나면서 나는 '조지주의'가 하나의 이론에 불과한 것이 아니라 잘 증명된 체계임을 알게 되었다. 톨스토이가 그 체계의 정확성을 확신했다는 것은 이에 대한 가장 큰 평가가 될 수 있다. 톨스토이는 〈진보와 빈곤〉을 읽고 그 이론이 옳다는 것을 알게 되자마자 삶의 스타일 전체를 즉시 바꾸었다. 그는 노예들을 해방시키고 그들에게 땅을 주었으며, 이 체계를 받아들이도록 러시아 황제를 설득하는 일에 남은 생을 바쳤다. 황제가 그의 설득을 받아들이지 않았기 때문에 러시아는 공산화되었지만, 톨스토이의 말을 기억하고 있는 사람이 있었다. 그의 이름은 손문이었다. 1911년 혁명 때 이 제도를 중국에 도입하려고 했던 손문은 독군(督軍)에게 패했고, 독군은 모택동에게 패했다.

그러나 손문의 동서인 장개석은 조지의 체계를 대만에서 실천하는 데 성공했고, 이것은 싱가포르(홍콩의 체계는 그 근원은 다르지만 본질적으로는 이와 같은 것이다)로 전파되었다. 이 세 나라를 비롯하여 미국의 많은 시와 주, 남아프리카, 오스트레일리아, 그리고 심지어 유럽의 몇몇 국가들도 이 성경적인 경제 체계가 유효하다는 것을 입증했다. 나의 간절한 바람은 한국이 이 제도를 도입하도록 설득해서 지금의 이 혼란에서 벗어나게 하는 것이다!

미국에서 보냈던 인생 초기의 몇 년은 나에게 개척자의 삶에 대한 관심을 심어 주었을 뿐만 아니라, 하나님의 말씀을 현대 세계—교회가 부자와 권세 있는 자의 편을 들고, 세계 대다수의 사람들이 가난하고 병들고 분노에 찬 채 살도록 내버려 두는 이 세계—에 적용하는 새로운 방법을 개척하게 해 주었다. 하나님은 내 분노를 치유해 주셨고, 그 분노가 자리잡고 있던 자리에 정의의 혜택을 받지 못한 모든 사람을 대신하는 하나님의 분노를 심어 주셨다. 그리고 사탄에게 억압받는 이들에게 희망과 치유와 도움을 줄 수 있는 주의 은혜의 해(눅 4:19)를 어떻게 선포해야 하는지를 명확하게 이해할 수 있게 해 주셨다.

회개

1926년에 우리 가족은 안식년을 지내러 미국 플로리다에 가서 외할아버지, 외할머니와 함께 지냈다.

토리 가족은 여러 세대에 걸친 신실한 기독교 집안이다. 아버지 쪽으로는 신앙의 근원인 할아버지의 할머니에까지 거슬러 올라가는데, 그 할머니는 신실한 그리스도인이자 기도의 여성이었다. 또 어머니 쪽으로는 나까지 포함해서 7대째 전임 사역을 해 왔다. 맬러리 가족은 뉴햄프셔에서 조지아로 이주해 기독교 학교에서 교사로 일했고 몇 세대 동안 교사나 목사로 일했다. 그러나 외할아버지는 사업을 하셨다(우리는 할아버지를 늘 '파파 맬러리' [Papa Mallary] 라고 불렀다). 그분은 동업자와 함께 '테일러-맬러리 철강소'를 세워 다양한 종류의 주철 기구를 생산했다.

외할아버지는 열렬한 침례교 신자였을 뿐만 아니라 정치에도 적극적으로 참여하여, 조지아 주에서 주류 판매를 금지하는 일에 적극적으로 뛰어들었다. 그러나 결국 주류 판매를 통해 이익을 얻은 사람들이 정치적인 힘을 얻게 되었고, 할아버지는 그 사람들의 정치적 보복 때문에 더 이상 사업을 할 수 없게 되었다. 그 후에 할아버지는 침례교에서 설교자로 안수를 받고 플로리다의 웨스트팜비치로 이사했다.

바로 그 무렵에 플로리다에 토지 구입 열풍이 일어나 미국 전역에서 플로리다의 땅을 살펴보러 몰려들었다. 그러나 열풍이 사그러들자 많은 사람들이 빈털터리가 된 채 플로리다에 남게 되었다. 그들은 집에 돌아갈 차비도 없었고 돌아갈 집도 없었다(집을 팔고 플로리다 땅을 사러 왔기 때문이다). 맬러리 할아버지와 할머니는 이 사람들을 대상으로 성령의 능력을 따라 사역을 시작했고, 웨스트팜비치에 제일 침례 교회를 세웠다. 그 교회는 아직도 웨스트팜비치의 큰 교회들 가운데 하나인 것으로 알고 있다. 사업 경험과 고등 교육을 받은 집안 배경 덕분에 할아버지는 당신이 사역하는 사람들을 이해할 수 있는 폭 넓은 안목을 갖출 수 있었고, 그 결과 교회는 빠르게 성장했다.

가족과 함께 막 중국에서 미국으로 돌아온 아버지는 선교 사역과 가뭄 퇴치 활동으로 매우 지쳐 있었고, 정신 노동은 피하고 육체 노동만 하라는 의사의 지시를 받은 상태였다. 아버지는 플로리다의 락렛지에 있는 오렌지 농장에서 일자리를 얻어 몇 달 동안 일했고,

건강도 회복했다. 그 후 중국에서 전쟁이 일어나자 선교사가 가족과 함께 중국으로 돌아가는 것이 지혜롭지 못하다고 판단한 선교본부는 아버지를 세인트루이스로 파견했고, 우리 가족은 플로리다를 떠나 미주리 주의 세인트루이스로 이사했다.

맬러리 할아버지가 웨스트팜비치에 침례 교회를 시작하는 일에 쓰임받았던 것은 성령 세례 때문이었다. 우리 가족은 지난 100년 동안 성령에 대해 가르쳤고, 사람들에게 성령 세례를 받으라고 격려했다. 무디 목사님은 그 자신이 성령의 능력으로 놀라운 사역을 해 왔고, 시카고 성경 학교(Chicago Bible Institute)를 시작할 사람을 찾을 때에도 성령 세례를 받아서 성령의 능력으로 일할 수 있는 사람을 찾았다. 무디 목사님의 자문들은 당시 미네소타 주의 미네아폴리스에서 가난한 사람들을 위해 일하고 있던 젊은 목사 R. A. 토리를 추천했다. 무디 목사님은 즉시 승인하셨고 할아버지는 시카고로 가서 무디 목사님을 위해 시카고 성경 학교를 세웠다. 무디 목사님이 돌아가신 후에 이 기관은 무디 성경 학교(Moody Bible Institute)라는 이름으로 알려졌다. 무디 목사님은 정식 교육을 받은 적이 없지만 나의 할아버지는 유명한 독일 학자들 밑에서 공부했다. 그러나 성령 세례를 받았다는 점에서는 두 분이 똑같았다.

할아버지의 프로젝트 중 하나는 펜실베이니아의 몬트로즈에서 여름 성경 수양회를 갖는 것이었다. 미국 각지에서 많은 사람들이 이 수양회에 왔는데, 그 중에는 조지아의 메이콘에서 온 맬러리 가족도 있었다. 당시 철강 사업을 했던 맬러리 할아버지에게는 몇 명의 아름다운 딸들이 있었다. 할아버지는 성령 세례에 대한 토리 박사의 가르침을 받아들였고, 마찬가지로 그 가르침을 받아들인 그의 맏딸 자넷은 토리 박사의 외아들 루벤 2세와 결혼했다(토리 박사는 딸이 네 명이었다). 맬러리 할아버지가 1926년의 플로리다 부동산 파동 후에 그 곳에서 효과적으로 사역할 수 있었던 것은 성령 세례를 받았기 때문이라고 나는 확신한다.

나의 부모님들은 매우 젊은 나이에 선교사로 중국에 갔다. 그 때는 아버지가 신학교를 갓 졸업한 1913년이었다. 앞서 말했듯이 그 분들은 중국에 가자마자 언어 공부를 시작했다. 아버지는 신학교에서 성령의 능력에 대해 전혀 배우지 못한 데다가 할아버지의 가르침에 대해 별로 깊이 생각해 보지 않은 상태였다. 할아버지는 영어권 세계에서(극동 아시아와 인도에서는 통역자들을 통해) 전도 집회를 할 때마다, 주로 기독교 사역자들을 위한 모임인 오후 시간에는 항상 기도나 성령에 관해 말했었다. 부모님들은 중국어 공부를 시작하면서 당신들의 힘으로는 성공적인 선교사 생활을 할 수 없음을 깨달았다. 그래서 토리 할아버지의 가르침을 회상하면서 기숙사 방에서 함께 '아버지의 약속'인 성령 세례를 구했다. 그 때부터 부모님의 선교 사역에는 능력이 있었다.

내 이야기로 다시 돌아가면, 3년 반의 안식년을 보내고 중국으로 돌아갔을 때 나는 막 사춘기로 진입하고 있었다. 사춘기의 청소년들이 꿈을 꾸듯이 삶을 표류해 다니는 것은 드문 일이 아니다. 보는 대로 다 먹어치우는데도 살이 찌지 않는 많은 십대들의 왕성한

식욕에서 볼 수 있는 것처럼 신체적으로 자란다는 것은 많은 에너지가 필요한 일이다. 이 시기에는 심리적 에너지도 엄청나게 소비되기 때문에, 많은 십대들이 인생을 간신히 감당하는 것처럼 보일 정도이다. 내가 산동의 집을 떠나 헬렌 누나와 함께 기숙사 학교로 간 것은 갓 열두 살이 되었을 때였다. 누나의 중국어 이름은 애련(愛蓮)이었는데, 나는 누나를 그 이름이나 '치에치에'(姉姉)라는 호칭으로 불렀다. 아버지는 우리를 중국 북쪽에 있는 미국인 학교로 데려갔는데, 이 학교는 기차를 타고 북경에서 동쪽으로 한 시간 정도 가야 하는 통주라는 곳에 있었다.

이 여행은 다소 복잡했다. 우리의 발을 미국에 3년 반 동안 묶어두었던 중국의 전쟁은 철도에도 적잖은 영향을 미쳤기 때문에, 우리는 북쪽으로 직접 가지 못하고 기차를 타고 동쪽 방향에 있는 청도에 갔다가 거기서 해안 기선을 타고 북하를 따라 빙 둘러서 천진까지 가야 했다. 강을 따라 가는 느린 여행은 재미있었다. 급격한 커브를 잘못 돌아 배가 뭍으로 올라가 버리는 바람에 다시 돌아 나오기 위해 썰물이 될 때까지 기다려야 했던 일은 특히 더 재미있었다.

우리는 천진에서 북경으로 갔고, 거기서 사업을 하고 있는 영국인 친구들을 방문했다. 선교사 사회는 서양의 사업가 사회와 별 연관이 없지만, 이 사람은 우리 가족의 친구인 선교사의 딸과 결혼했기 때문에 우리는 그가 우리의 작은 세계에 속한 사람이라고 생각했다. 선교사의 기준에서 볼 때 그들은 너무도 부자였다. 그들은 과거에 중국 황실과 연관이 있던 사람이 살았을 법한 집에 살았다. 그 집은 품위가 있었고 성처럼 산책로가 각 건물을 이어 주고 있었다. 내가 알던 중국은 대개가 진흙 벽돌 건물로 이루어져 있는 시골 마을과 소단위 농촌이었다. 이번 경험은 과거 중국의 영광을 너무나 짧은 시간 동안 흘낏 보는 것이었기에 나의 다른 기억과 연관이 되지는 않았지만, 마치 동화의 나라를 훔쳐 본 양 머리에서 잊혀지지 않았다.

북경에는 전에도 한 번 간 적이 있었다. 내가 아주 어렸을 때 거의 죽을 뻔한 실험을 한 덕분이었다. 중국 동전의 가운데 뚫린 구멍을 통해서 물을 마시려 하다가 동전이 목구멍에 걸리는 바람에 동전을 빼기 위해 멀리 있는 북경 연합 의과 대학까지 가야 했던 것이다! 그 때 의사들이 음식과 음료의 섭취를 제한했기 때문에 몹시 배고프고 목말랐던 기억이 희미하게 남아 있다. 당시에 내가 아주 참을성있게 잘 견디는 것을 보고 간호사들이 놀랐다는 이야기를 나중에 들었다. 그것은 아마도 하나님의 주권 앞에서는 불평 없이 고개를 숙여야 한다는 나의 무의식적인 사고에서 비롯한 태도였을 것이다(속으로는 전혀 선교사가 되고 싶은 생각이 없으면서도 겉으로는 그렇게 하겠다고 했던 것처럼 말이다).

그러나 이제 다시 북경에 온 나에게 예전 기억은 희미했고, 나의 태도도 크게 달라졌다. 나는 이제 청소년이었고 넘치는 에너지를 주체할 수 없는 나이였다. 나는 예전처럼 모든 것을 하나님의 뜻으로 받아들이려 하지 않았다. 미국에서 보낸 3년 반의 시간은 나를 반항아로 만들어 놓았다. 물론 하나님께 반항한 것은 아니었다. 그러나 미국은 기독교적이지 않았을 뿐 아니라 나에게는 폭력적이고 의미가 없는 곳이었다. 나는 그리스도인이라고 하면서도 기독교의 원리대로 살지 않는 사람들에게 전보다 훨씬 더 비판적이 되었다.

나는 북중국 미국인 학교가 기독교 학교일 것이라고 생각했다. 물론 대부분의 학생들은 선교사 가정의 자녀들이었다. 그러나 그 학교에는 시간이 지나면서 나를 반항아로 만들 만한 것들이 충분히 있었다. 북경에서 하룻밤을 지낸 우리 일행은 통주로 갔고, 아버지는 거기서 하룻밤을 더 지낸 뒤 집으로 가셨다. 그 추운 기차역 플랫폼에 서서 아버지를 향해 손을 흔들면서 우리는 외로움과 불안에 휩싸였다. 앞으로 어떻게 지낼까가 고민이었다.

누나와 나는 기숙 학교 생활에 적응하는 데 어려움을 겪었다. 누나의 베개는 '눈물 베개'가 되었다. 누나가 베개에 얼굴을 묻고 울다가 잠들지 않는 날은 하루도 없었다. 누나는 대학에 가기 위해 미국으로 갈 때까지도 그 '눈물 베개'를 가지고 있었다! 나는 자신의 문제에 너무 매여 있어서 누나의 어려움을 돌보아 줄 처지가 못 되었고, 누나는 자존심 때문에 나에게 힘들다는 말을 하지 않았다.

따뜻하고 애정이 넘치는 집에서 사랑받으며 자라다가 갑자기 70명의 아이들 중 하나가 되어 자녀를 낳아 길러 본 경험이 없는 선생님들 밑에서 생활한다는 것은 정말이지 엄청난 변화였다. 우리는 우리에게 특별한 관심도 없고 우리가 자라난 근본주의의 배경과도 공통점이 거의 없는 사람들과의 생활에 적응해야 했다. 내 기억으

북중국 미국인 학교에서 누나의 베개는 '눈물 베개'가 되었다.
－누나 헬렌, 동생 클레어와 함께. 1925년.

로는 아이가 있는 선생님은 어떤 여선생님 딱 한 분뿐이었다. 남녀 교장선생님은 두 분 모두 60세가 넘은 독신 선생님들로서, 여자 교장선생님은 영국 사람이었고 남자 교장선생님은 덴마크 사람이었다.

우리에게 익숙한 생활과 우리가 새롭게 적응해야 할 생활 사이에 있는 차이는 적지 않은 것이었다. 딱 한 과목을 제외하면 나머지 수업 시간은 나에게 아무 문제가 아니었다. 그러나 나는 산수를 싫어했고, 덧셈도 못했다! 아마 집중도 하지 않은 데다가 과목도 지루해서 산수를 소홀히 했던 것 같다. 여하튼 나는 8학년 산수 시험에 떨어졌다. 초등학교는 8학년으로 되어 있고 고등학교는 4학년으로 되어 있었지만 두 학교 다 같은 건물 안에 있었기 때문에, 나는 고등학교로 진학은 하되 친구들이 고등학교 대수를 공부하는 동안 8학년 산수를 해야 했다. 나는 창피했지만 산수와 덧셈을 배울 수밖에 없었고, 마침내 그 공부를 마칠 수 있었다.

수년 후에 아버지가 내 돈을 직접 관리하게 하셨을 때에야 비로소 나는 빠르고 정확하게 셈하는 법을 제대로 배웠다. 그러나 그 다음 해에 대수를 배우게 되었을 때에는 자유를 느꼈다. 대수는 산수와 아주 다른, 상상력이 필요한 공부였다. 기하학도 마찬가지였다. 나중에 수학은 내가 가장 좋아하는 과목 중 하나가 되었고, 대학에 가서는 바로 고등수학으로 넘어갈 수 있었다. 그것은 꼭 퍼즐 같았고, 나는 그것을 푸는 재미에 매료되었다. 나는 선생님들이 제시하는 방법을 무시하고 내 나름대로의 방법으로 문제를 풀곤 했다(이것은 수업시간에 자주 공상을 하느라 선생님의 말씀을 듣지 못했기 때문이기도 했다). 그렇게 하는 것은 나에게는 재미있는 일이었지만 선생님들에게는 매우 괴로운 일이었다. 선생님들은 말 잘 듣는 학생들이 자신이 가르쳐 준 방법대로 풀었을 때와는 달리 내가 푼 방법이 정말 맞는지 확인하기 위해 내 시험지를 맨 나중에 따로 채점해야 했던 것이다. 정말이지 존경할 만한 선생님들이었다. 그분들은 내가 비정통적인 방법으로 문제를 풀었더라도 답이 옳으면 만점을 주었다! 이것을 통해 나는 '진리는 사람과는 별개의 것'이라는 교훈을 체득했다(물론 이것은 무의식적인 깨달음이었다). 진리는 하나님으로부터 오는 것이고, 자연에 구현되는 것이며, 선생님을 만족시키는 데 있는 것이 아니라 바른 대답을 찾는 데 있는 것이다.

다섯 살 때 동전을 삼켰던 그 실험 정신은 그 이후에도 여전히 계속되었다. 사춘기 내내 나는 여러 가지 모험을 했고 아슬아슬한 상황을 많이 겪었다. 통주에 오기 오래 전 미국에 있을 때, 나는 보이스카우트에 깊은 관심을 가지게 되었다. 보이 스카우트가 되려면 열두 살이 되어야 했지만 나는 이미 첫 시험을 통과한 상태였다. 나는 열두 살이 되자마자 통주에 있는 스카우트단에 가입해 적극적으로 활동했다. 우리 학교 교장선생님은 스카우트단의 대장이기도 했다. 그는 승급보다는 캠프 생활 기술과 수공과 구멍 뚫기에 더 관심이 있어서, 1등급에 도달하는 스카우트의 수는 매우 적었다. 4학년 때 다닌 다른 학교의 보이 스카우트단은 아주 활발한 활동을 벌이는 곳이어서 거기에서는 모든 시험을 잘 통과했을 뿐 아니라 공로 훈장까지 받았지만, 통주에서는 프로그램에 속해 있는 하이킹과 캠핑만 즐길 수 있었다.

통주에서 그저 공부만 한 것은 아니었다. 교장선생님은 남자 기숙사에서 일종의 군대식 훈련을 했는데, 규칙을 위반했을 때에는 예외없이 체벌로 다스렸다. 선생님은 약 90센티미터 정도 되는 등나무 회초리를 사용했다. 선생님은 체벌받을 학생의 무릎을 꿇린 후에 그의 머리를 자신의 무릎 사이에 단단히 끼워 넣고 왼손으로 학생의 바지를 바짝 당겨 바지 밑에 책이나 다른 보호 장치를 대지 않았다는 것을 확인하고는 엉덩이를 세게 때렸는데, 한 쪽에 세 번, 다른 쪽에 세 번, 그리고 또 한 쪽에 세 번, 다른 한 쪽에 세 번을 때렸다. 그것이 일반적인 '한쪽에 여섯 대' 체벌이었다. 정말 흉악한 죄에 대해서는 매의 수가 더 올라갔다. 그 체벌에 대해서는 체벌 때문에 다친 학생은 한 명도 없었으며, 한 번 맞은 아이는 똑같은 잘못을 저지르지 않도록 주의를 주는 역할을 했다고 평가하는 것이 옳을 듯하다.

체벌의 가장 큰 원인은 '검사 불합격'이었다. 이를테면 컵에 손지문이 묻었다거나, 라커의 서랍 하나가 고장났다거나, 구두를 반짝거리게 닦지 않았다거나 하는 것들이었다. 이것은 나에게 문제였다. 검사는 매일 수업 시작하기 직전에 있었는데, 기숙사 사감이 "불합격!"이라고 외친 학생은 소등을 알리는 종이 울린 후에 받을 체벌을 기다리면서 하루를 보내야 했다. 나는 천성적으로 깔끔한 사람이 아니었고(부모님은 모두 깔끔한 분들이셨지만) 정신이 없을 때가 많았기 때문에 검사에 합격하지 못하는 경우가 잦았다. 나는 매를 맞을 때마다 내 가죽 허리띠 안쪽에 눈금을 그었고, 방에서 가장 많은 눈금을 그었다는 사실에 일종의 자부심을 느끼고 있었다.

한참 후에 알게 된 일이지만, 헬렌 누나는 내가 맞는 것 때문에 괴로워하다가 결국 아버지에게 내가 학대받고 있다고 말했다. 내가 매를 가장 많이 맞은 적이 두 번 있었는데, 내 기억이 정확하다면 그 중 한 번은 내가 실제로 거짓말을 했기 때문이었다. 또 한 번은 실제로 거짓말을 하지는 않았지만 내가 거짓말을 하지 않았다는 사실을 교장선생님에게 확신시키지 못했다. 통주에서 거짓말은 가장 큰 죄였다. 거짓말을 했다는 죄로 나는 한쪽 엉덩이에 열두 대씩 맞았는데, 그 다음 이틀 동안은 의자에 앉아 있기가 힘들 정도로 아팠다. 그러나 아버지도 그 체벌에는 동의하셨으리라는 것을 나는 알았다.

그 때나 지금이나 거짓말은 가장 큰 죄라고 생각하고 있다. 진실을 말한다는 것만 서로 믿을 수 있으면 다른 모든 문제는 해결될 수 있다. 사람이 진실을 말하지 않는다면 의사소통은 있을 수 없으며 진정한 관계도 이루어질 수 없다. '빛 가운데 행한다'는 성경말씀의 의미가 바로 이것이다. 요한일서 1장 7절에서는, 하나님은 진리이시며 우리가 '진리를 행할 때', '빛 가운데 행할 때'에만 하나님과 우리 사이에 사귐이 있다고 분명하게 말씀하고 있다.

나는 통주에서 한 번도 체벌을 거부한 적이 없었다. 딱 한 번(거짓말을 하지 않았는데도 거짓말을 했다고 오해받았을 때)을 제외하고는

다 공정한 체벌이었다! 그리고 앞서 말했듯이 사실 내 허리띠에 눈금 표시가 가장 많다는 것은 성적을 잘 받는 것보다 내게는 더 우쭐한 일이었다! 이것도 내 모험심의 일부였을 것이다.

이 외에도 통주에서 모험할 수 있었던 것이 또 하나 있었다. 그것은 펌프였다. 기숙사에는 수도가 있었지만 지붕 아래 있는 탱크에 물을 채우기 위해서는 사람 크기만한 펌프로 우물에서 물을 끌어올려야 했다. 이 펌프에는 손잡이가 두 개 있어서 큰 학생 두 명이 함께 움직여야 했다. 내가 고등학교에 다니던 첫 해에는 우리 방에 체구가 작고 건장하지 못한 아이들만 있었다. 그래서 우리 방 아이들이 펌프를 움직이려면 4명이 매달려도 힘이 달렸다. 펌프질 작업은 방마다 일주일씩 돌아가면서 맡았다. 하지만 일주일 안에 탱크 물이 떨어지면 그 방은 한 주 더 당번을 해야 했다. 우리 방은 일주일 내내 탱크에 물이 떨어지지 않게 하기까지 연속 4주 동안이나 당번을 하기도 했다.

사실 우리가 탱크를 말 그대로 가득 채운 것은 아니었다. 우리는 서로 주고받을 수 있는 비밀 신호를 만들어 내서, 탱크에 물이 다할 때쯤이면 기숙사 사감선생님이 알아 내기 전에 먼저 달려가 급한 대로 몇 번 펌프질을 해 놓은 다음, 나중에 다시 가서 200번 정도 펌프질을 더 해서 탱크를 채워 놓곤 했다. 펌프의 작은 파이프 끝에서 물이 쏟아져 나오는 광경은 어린 날에 보았던 가장 아름다운 광경 가운데 하나였다!

교장선생님은 자신이 좋아하는 아이들에게만 체벌을 했고, 가망이 없다고 생각한 아이들은 '등나무집'이라고 부르는 다른 기숙사로 보내 버렸다. 등나무집은 아래층에 사무실이 있었고 위층만 기숙사로 사용했다. 교장선생님이 왜 결정적으로 나를 구제불능으로 판단하게 되었는지는 잘 모르겠지만, 어쨌든 나는 3학년 때 친한 친구들과 함께 등나무집으로 가게 되었다.

하이, 다이, 라이라는 중국 이름으로 알려졌던 우리는 '궁지'에 빠질 일들을 그 어느 때보다 많이 했다. 어떤 면에서 우리는 자유로움을 느꼈다. 이제 더 이상 매를 맞지 않아도 될 것이기 때문이었다. 교장선생님은 우리를 포기했다. 물론 가끔 예고도 없이 시찰을 나와, 사탕을 만들려고 식당에서 훔쳐 온 버터와 설탕을 숨기다가 들킨 일도 있었지만 말이다. 결국 사감선생님은 우리가 규칙을 어기도록 내버려 둔다고 혼이 나야 했다. 우리는 사감선생님보다 우리가 한 수 위라는 자부심을 가지고 선생님을 괴롭혔다. 미국에서부터 가지고 있었던 반미 감정은 이처럼 어떠한 권위든지 모조리 거부하려는 태도로 표현되었다.

나의 모험심과 실험 정신 때문에 우리 일당은 온갖 종류의 사고를 쳤다. 그리고 과연 들키지 않고 넘어갈 수 있을까를 궁금해 하곤 했다. 권위에 대항하는 나의 태도는 종교라는 측면에서 또 다른 양상으로 나타났다. 학교에는 정기적인 예배와 채플이 있었고, 대부분의 학생들이 선교사 가정 출신으로서 표면상으로는 그리스도인들이었다. 그러나 당시 북중국에 있는 대부분의 선교 단체는 신학적으로 자유주의의 경향을 띠었으며, 내가 펜실베이니아 몬트로즈에 있는 할아버지 집과 회의실에서 만났던 열정적인 성경 중심적 기독교는 통주에서 낯선 것이었다. 나는 기도 모임과 성경공부를 떠맡게 되었다. 나는 아이들 사이에서 스스로 종교지도자로 생각하고 있다는 인상을 풍겼다. 앞에서 이야기했던 것처럼 사춘기를 지나고 있던 나는 하나님에 대한 분명한 생각이나 인식 없이 손에 닥치는 대로 일을 했다.

여름방학에는 집으로 돌아가 온 가족과 함께 청도로 휴가를 떠나곤 했다. 우리는 잔산에 소박한 집을 하나 가지고 있었는데, 서구인들은 그 집을 바위에 좌초한 독일 배 일티스의 이름을 따서 '일티스 후크'라고 불렀다. 어느 해 여름, '옥스포드 그룹 운동' (Oxford Group Movement)이 일어났다. 성령의 인도를 강조한 이 운동은 많은 선교사들에게 영향을 미쳤다. 부모님은 후에 자신들과 다른 방향으로 가게 된 옥스포드 그룹에 남아 있지는 않았지만, 이 메시지가 맞다는 것은 인정하셨다. 이 운동이 지나간 후에도 우리 가정은 계속해서 집에서 '묵상의 시간' (QT)을 가졌고, 온 식구가 모여 깨달은 것을 '나누었으며,' 성령의 인도를 구했다. 부모님은 이 기간을 통해 성령에 대한 할아버지의 가르침을 따라야 한다는 인식을 새로이 했고, 나는 수년 후 대학에서 회복하게 될 실험적 기초를 다지는 계기를 얻었다.

어느 날 부모님은 통주가 우리 남매에게 가장 좋은 곳이 아니라는 결론을 내리게 되었다. 부모님은 봄에 우리 남매를 한국에 있는 평양 외국인 학교로 전학시키겠다고 교장선생님에게 통보했다. 교장선생님은 나에게 몹시 화를 냈다. 선생님은 내가 아버지에게 학교에 대해 불평하는 편지를 썼다고 오해했고, 내가 그렇지 않다고 말씀드리자 거짓말을 한다고 했다. 선생님은 나를 사무실로 불렀다. 거기서 나는 내 평생에 다시 없을 정도로 심한 야단을 맞았다. 선생님은 내게 말했다.

"너는 네가 학교의 종교지도자라고 생각하는지 모르지만, 내가 보기에 넌 아무것도 아니야. 너의 생활과 말은 서로 전혀 일치하지 않기 때문에 아무도 너를 진지하게 받아들이지 않는다구."

선생님의 말이 다 기억나지는 않는다. 그러나 그 말이 다 맞는 것은 아니더라도 그런 생각을 할 만한 충분한 근거를 제공한 사람은 바로 나라고 생각했다. 마치 잠에서 갑자기 깨어난 것 같았다. 나는 하나님이 나를 일깨우기 위해 이런 일을 겪게 하셨다고 믿었다. 중요한 것은 교장선생님이 나를 어떻게 생각하느냐가 아니라 하나님이 나를 어떻게 생각하시느냐 하는 것이었다. 평생 처음으로 눈을 크게 뜨고 자신을 바라본 결과, 하나님이 나에 대해서 교장선생님보다 더 나은 의견을 가지실 이유가 조금도 없다는 생각이 들었다.

나는 2층에 있는 침실 베란다로 갔다. 이 곳은 취침시간 외에는 출입금지 지역이었지만 나에게는 그 누구의 방해도 받지 않고 무릎을 꿇을 수 있는 장소가 필요했다. 나는 내 침대 옆 바닥에 무릎을 꿇었다. 그리고 울었다. 그것은 내 인생에서 처음으로 흘리는 회개의 눈물이었다. 나는 하나님께 평양에서 새롭게 시작할 수 있는 기회를 달라고 간청했고, 내가 통주에서 엉망으로 산 것을 용서해 달라고 기도했다.

그 자리에서 일어났을 때, 이제 내가 잠에서 깨어났고 진정으로 회개했다는 것을 알 수 있었다. 나의 참모습을 보여 주시고 새로운 학교에서 새롭게 시작할 수 있는 기회를 주신 하나님께 감사하는 마음뿐이었다. 나는 하나님을 실망시키지 않고 그분의 은혜로 잘 해낼 수 있기만을 바랐다.

평양(平壤)의 치유

북중국 미국인 학교를 떠나는 일과 관련해서 크게 상처를 입었던 나는 평양 외국인 학교에서 다시 한 번 기회를 달라고 하나님께 간절히 기도했다. 그 기도는 응답되었다.

1933년 봄, 헬렌 누나와 내가 평양에 도착했을 때 그 곳의 분위기는 북중국 미국인 학교와 아주 달랐다. 우리는 유명인사였다! '토리'라는 이름이 북중국 미국인 학교에서는 아무것도 아니었지만 평양에서는 엄청난 차이가 있었다. 학교가 위치한(숭실 학원 옆) 선교구에 있는 보수 장로교 선교사들은 할아버지인 R. A. 토리 박사님을 존경했다. 이 곳에는 우리가 전에 경험하지 못했던 용납이 있었다. 순식간에 일종의 치유가 일어나기 시작했고 우리는 새로운 자존감을 느끼기 시작했다. 그 당시에는 몰랐지만, 지금 생각하면 하나님의 치유하시는 능력이 교회의 믿음을 통해 일어나고 있었던 것이다.

평양의 학생들과 선생님들과 선교회는 성경적 의미에서 하나의 교회였다. 그들은 예수 그리스도 안에서 하나님의 뜻을 행하겠다는 결단으로 함께 뭉쳤다. 거기에는 진정한 하나됨이 있었다. 나는 그것을 '믿음'(faith)의 분위기라고 부르고 싶다. 그 믿음은 단지 몇 가지 교리에 지적으로 동의하는 것이 아니었다. 물론 이러한 동의는 믿음의 큰 부분을 차지하고 있었다. 그러나 우리가 'P.Y.'(P Yengyang Foreign School)라고 불렀던 그 학교에서 정말로 중요했던 것은 바울이 갈라디아서 5장 22절에서 성령의 열매 가운데 하나로 꼽았던 '충성'(faithfulness)이었다. 믿음은 하나님의 뜻을 행하겠다는 결단이다. 하나님은 이 믿음을 통해 일하신다. 우리 마음 속에 치유를 일으키고 있었던 사랑은 그의 뜻을 행하고자 하는 충성스러운 사람들을 통해 흘러나오는 하나님 그분의 사랑이었다. 이경우에 하나님의 뜻은 우리 두 학생이 사랑을 받아야 한다는 것이었다.

새로 온 학생들은 누구나 어느 정도까지는 이러한 종류의 사랑과 용납을 받았다. 그러나 그 봄 학기에는 새로 전학 온 사람이 우리 둘뿐이어서 사람들의 관심이 다른 사람들에게 나뉘지 않았던 탓에 특혜를 누릴 수 있었다. 우리 두 남매는 모든 이들의 관심과 사랑을 받았고 우리의 얼어붙은 마음은 녹아내리기 시작했다.

그 당시에는 몰랐지만 나중에 깨닫게 된 것에 대해 한 가지 더 말하고 싶은 것이 있다. 평양의 기독교 공동체에는 성령의 사귐이 있었다. 그것은 진정한 의미의 '사귐'이었다. 그들이 다 같은 선교 단체나 교파에 속한 것도 아니었고, 다 같은 일을 한 것도 아니었으며, 다 같은 민족이거나 다 같은 언어를 쓰는 사람들도 아니었다. 그런데도 당시의 그리스도인들 사이에는 부정적인 의미의 '분파'가 없었다. 갈라디아서 5장 2절 이하에서 우리는 육체에 의한 분리, 성령의 열매에 반대되는 분리를 볼 수 있다. 그러나 고린도전서 12장은 이와는 구별되는 각 지체간의 각종 차이점에 대해 이야기하고 있다. 여기에서 지체들은 각자 자기 나름대로의 고유한 기능이 있고 모든 지체가 서로를 같은 관심으로 돌보아 준다.

이것이 바로 그 당시 평양 교회의 분위기였다. 교파간의 차이는 지체간의 차이에 불과했고 모두가 다른 기능을 가지고 있었다. 거기에 경쟁은 없었으며, 하나님의 뜻을 행하기 위해 그가 보여 주시는 실제적인 방법으로 함께 일하고자 하는 열망만 있었다. 모든 선교사들과 한국 교인들이 관심을 가지고 있었던 평양 외국인 학교는 특히 더 그러했다. 또한 거기에는 기도와 하나님께 대한 신뢰가 있었다. 사람들은 하나님이 이 학교에서 일하실 것을 기대했다.

이것이 바로 성경이 말하는 '교회'라고 나는 믿는다. 교회는 동일한 충성심으로 그리스도를 섬기는 그리스도인들의 공동체로서 성도들의 관심을 한데 묶는 곳이며, 하나님이 그의 교회에게 하라고 하신 많고도 다양한 일들을 할 수 있도록 성도들을 하나님의 효율적인 도구로 만드는 곳이다.

혹시 평양 외국인 학교의 기독교 공동체와 성령의 교제와 교회에 대한 내 말이 약간은 지나치게 엄숙하게 들릴지도 모르겠다. 이 학교에는 인생의 아주 가벼운 측면도 있었고, 학생들은 즐거운 시간을 보냈다. 그리고 우리가 전부 성령의 열매가 넘치는 모범적인 그리스도인이었던 것도 아니다. 우리에게는 공동체로 사는 기쁨도 있었지만 문제도 있었다.

이 공동체가 내게 준 기쁨 가운데에는 샘 모펫이라는 친구가 준 기쁨이 포함되어 있었다. 그는 자신의 날개 아래 나를 품어 주었고, 그것은 내가 공동체로부터 사랑을 받는 통로가 되었다. 샘과 나는 전에 한 번도 만난 적이 없었고 그가 나에 대해 들어 본 적도 없었음에도 불구하고 그는 내가 그 학교에 도착하자마자 내 후견인을 자청했다. 나는 그의 우정을 결코 잊을 수 없다. 나는 그를 통해 그 당시 내게 필요했던 용납과 치유를 받았다.

이 젊은이는 정치에 대한 '감각'이 있었으며 정치를 일종의 게임으로 생각했다. 물론 학교에 무슨 큰 정치가 있었던 것은 아니지만, 해마다 봄이 되면 학생회의 몇몇 직위들을 맡을 학생들을 뽑는 선거가 있었다. 그 중에 '기독생활부장'이라는 자리가 있었는데, 1933년 봄에 샘 모펫은 두 명의 여학생과 함께 후보 지명 위원회에 속하게 되었다. 샘은 그 자리에 다른 두 명의 여학생과 내가 후보로 등록할 수 있도록 위원회를 설득했다. 당시에 나는 학교에 전학온 지 불과 3개월밖에 되지 않았는데도 그의 의견이 받아들여졌다. 마침내 후보들을 놓고 선거를 하게 되자, 샘의 전략이 드러났다. 여학생들의 표는 두 명의 여학생 후보에게 나뉜 반면, 남학생들은 전부 내게 투표했던 것이다! 이렇게 해서 내가 그 직위에 선출되었다.

그런 자리를 놓고 샘이 정치놀이를 했다는 사실에 충격을 받는 사람이 있을까 싶어서 덧붙이자면, 샘은 모든 후보가 다 그 자리에 적합하므로 누가 그 자리를 맡느냐는 그렇게 중요하지 않다고 생각했다. 그렇지 않고 거기에 어떤 원칙의 문제가 개입되어 있었다면 샘은 결코 '정치놀이'를 하지 않았을 것이라고 나는 확신한다.

나는 남학생과 여학생 사이의 경쟁심을 샘이 이용함으로써 내가 그 자리에 선출되었다는 것을 알고 있었지만, 동시에 하나님이 그 문제에 개입하셨다고 생각했다. 다시 한 번 기회를 달라는 내 기도에 하나님이 응답하시는 한 방법이라고 생각했던 것이다. 하나님은 샘이 나중에 세 나라에서 선교 사역을 할 때도 이러한 방식으로 다른 사람들을 위해 그를 사용하셨다.

나는 최대한 성실하게 이 일을 하기로 마음먹었고, 가을 학기에 학교로 돌아와서 임무를 시작했을 때 최선을 다했다. 하나님의 은혜로 그 한 해 동안 기독생활부 활동은 좋은 성과를 올렸다고 생각한다.

기독생활부는 선교사의 가정에서 벌어지는 주일 밤 행사 외에도 전통적으로 매년 가을 '니시 헤이조로 가는 달밤의 산책' 행사를 열었다. 여기 참가하기 원하는 남학생과 여학생은 짝을 지어 서평양(일본어로는 '니시 헤이조') 기차역까지 갔다 올 수 있었다. 차량이 거의 없는 가로수 길을 따라 걷는 산책은 퍽 즐거운 행사였다. 학생들은 보호자 한두 사람의 감시 아래 서로를 더 잘 알 수 있는 기회를 가졌다. 기독생활부 간부들은 누구를 보호자로 요청할지 결정할 수 있었다. 군이 이 행사가 아니더라도 남학생과 여학생이 함께 산책할 기회는 있었지만, 대개 학교 교정 안에서만 '데이트'가 허락되었기 때문에 니시까지 가는 이 행사는 매우 특별한 것이라고 할 수 있었다.

또 한 가지 특별 행사는 벚꽃이 피는 계절에 기자의 묘까지 가는 달밤의 산책이었다. 그 당시에는 한국의 역사나 문화에 대해 거의 배운 바가 없었지만, 기자가 한국 역사에서 중요한 위치를 차지하는 사람이라는 사실은 알게 되었다. 그의 묘는 대동강이 내려다보이는 높은 언덕에 있었는데, 꼭대기까지 이르는 길 양쪽에는 가로수가 줄지어 늘어서 있었다. 가로수는 오래 되고 커다란 벚나무로서, 봄에 꽃이 피면 숨이 막힐 정도로 아름다운 경관을 이루었다(이 언덕은 지금 군인묘지가 되었고, 기자에 관해 이야기하는 사람도 없어졌다. 이 벚나무들은 6.25 전쟁 때 평양 폭격으로 다 없어져 버렸다).

기자의 묘까지 가는 산책에 남학생이 여학생에게 같이 가자고 초청하는 경우는 흔치 않았다. 우리의 데이트에 어떤 신체적인 접촉이 있었던 것은 아니었다. 그러나 이것은 남학생과 여학생들이 서로를 사귈 수 있는 기회가 되었다. 그 때 맺은 우정이 계속되어 약혼과 결혼으로 이어지는 경우도 더러 있었다.

그 즈음에 거의 데이트 신청을 받지 못하는 여학생들이 있다는 것을 알게 된 나는 평양에서 받은 하나님의 사랑을 몇몇 인기 없는 여학생들과 함께 나누기로 결심했다. 그래서 꽤 많은 여학생들과 데이트를 했다. 나는 '한 사람하고만 사귀는 것'을 막는 것이 내 임무라고 생각했다. 한 사람만 사귀기에는 우리가 너무 어리다고 확신한 탓이었다. 그리고 한 사람만 지속적으로 만나는 사귐은 예쁜 여학생들의 인기에 밀려서 데이트 한 번 못 하는 여학생들에게 불공평한 일이라고 생각했다. 그래서 나는 '독신자 클럽'을 결성했고, 클럽의 회원이 같은 여학생과 연이어 두 번 데이트 할 수 없다는 규칙을 만들었다.

그러나 인기 없는 여학생들과 데이트를 하려는 나의 열정은 그야말로 조심성 없는 일이 되어 버렸다. 나에게 데이트 신청을 받는다는 것은 곧 인기가 없다는 증거가 되어 버린 것이다! 나는 좀더 신중할 필요가 있었다. 내 후임 회장이 한 사람하고만 계속 데이트를 함으로써 결국 클럽은 깨지고 말았다. 그 때 기숙 학교에서 교제했던 이 커플은 후에 미국에서 각각 대학과 의과 대학을 졸업할 때까지 계속 만났고, 결국 결혼해서 한국에 선교사로 다시 왔다. 이 부부는 자녀들과 가까이 있기 위해 나중에 미국으로 돌아갔지만, 하나님은 수년 동안 이들을 매우 효과적으로 사용하셨다.

평양에 있는 동안 하나님은 내가 얼마나 어리석고 미숙한지 가르쳐 주셨다. 나는 새로운 친구들을 사귀면서도 일종의 열등감을 겪고 있었다. 다른 친구들보다 나이도 어리고 운동도 전혀 못한다는 이 열등감을 보상하기 위해 보이 스카우트 프로그램에 매우 적극적으로 참여했고 거의 독수리 계급까지 따기도 했다. 내 열등감을 보

나는 열등감을 보상하기 위해 보이 스카우트 프로그램에 적극적으로 참여했다.
—미국 보이 스카우트의 평양 분대. 두 개의 깃발 사이에 서 있는 대원이 대천덕이다. 1933년.

상하려는 이러한 심리는 나의 룸메이트를 학대하는 결과를 낳았다. 그는 나보다 나이가 많았을 뿐만 아니라 몸도 훨씬 크고 힘도 세고 운동도 잘했다. 나는 이 친구와 사사건건 다투었고, 그의 미련함을 은근히 꼬집는 말들을 했다. 그 때마다 그는 화를 내며 내게 소리를 질렀고, 그러면 그럴수록 나는 더욱더 그를 자극했다. 그가 어떤 말에 화를 내는지 알아 내는 데는 그리 오랜 시간이 걸리지 않았고, 나는 그가 너무 화가 나서 말다툼을 때려치우고 나에게 달려들어 바닥에 쓰러뜨리고 주먹질을 할 때까지 그를 약올렸다. 맞은 곳은 아팠지만 그를 조종해서 화나게 했다는 사실에 나는 속으로 만족했다. 나는 그것을 일종의 정신적 우월함으로 받아들였던 것이다!

그가 내게 진짜 심한 상처를 입혔다 해도 내 편에서는 할 말이 없었을 것이다. 그러나 우리가 싸우는 소리는 항상 기숙사 복도로 흘러나갔고, 그 소리를 들은 다른 학생들이 달려와 나를 구해 주었을 뿐 아니라 자기보다 약한 사람을 괴롭힌다고 그 친구를 혼내곤 했다. 그 때 나는 이중의 승리감을 맛보았다. 내가 먼저 시비를 걸었다는 것을 아는 사람은 아무도 없었고, 그 친구는 망신을 각오하지 않는 한 자초지종을 설명할 길이 없었기 때문이다.

학기말이 되었을 때, 나는 다음 학기에 그 친구와 방을 계속 함께 쓸 마음이 없었기 때문에 몇 번 더 주먹질을 당하더라도 좀더 놀려먹어야겠다고 생각했다. 그런데 놀랍게도 다음 학기에 나와 방을 함께 쓰려는 사람이 아무도 없다는 사실을 알게 되었다. 물론 그 친구도 처지는 마찬가지였다. 아무리 찾아보아도 우리 중 한 사람과 같은 방을 쓰겠다고 하는 학생은 하나도 없었다. 결국 나는 그에게 쑥스럽게 다가가 "내년에 나랑 같이 방을 쓸래?" 하고 물었다. 마찬가지로 당황하고 있던 그도 내 제안에 동의했다.

지금까지도 나는 그 친구가 그 때 속으로 무슨 생각을 했는지 모른다. 그러나 내가 전 해처럼 싸우면서 또 한 해를 보낼 수는 없다고 생각했던 것만큼은 기억한다. 나는 그를 약올려서 화가 나게 한다거나 그의 마음을 상하게 할 수 있는 일은 무엇이든지 조심스럽게 피하겠다고 마음먹었다. 우리는 4학년 내내 한 번도 싸우지 않고 지냈을 뿐만 아니라 크리스마스 휴가 때에는 그가 나를 자기 집에 초대하기까지 했다. 우리는 진정한 친구가 되었다. 하나님은 이렇게 학교생활을 통해서 공동체 생활과 그리스도인의 사귐과 자세에 관해 간단하지만 중요한 것을 가르쳐 주었다.

평양에서 나는 학교의 좋은 학업 과정뿐 아니라, 선교사 교회의 탁월한 주일학교 프로그램을 통해 많은 것을 배웠다. 나의 주일학교 선생님은 평양에 많지 않았던 평신도 선교사였다. 그는 숭실학교에서 수공예를 가르쳤고 성경과 그리스도인의 생활을 가르쳤던 탁월한 선생님이었다. 그 곳에는 다양한 종교 활동들이 있었지만, 무엇보다도 진정한 그리스도인의 사귐을 통해 조금이나마 성장할 수 있는 기회를 주신 하나님께 감사드린다.

몇 년 전이었다면 나는 이것을 기독교적 '분위기'라고 부르기를 주저했을 것이다. 그러나 나는 영어뿐만 아니라 히브리어와 헬라어에서도 '분위기', 혹은 '공기'를 의미하는 단어가 '바람'이라는 단어와 연관이 있다는 것을 알게 되었다. 바람은 움직이는 공기이다. 그리고 그 단어는 성경이 성령(한자 '聖靈'은 '거룩한 바람'을 뜻한다)을 일컬을 때 쓰는 단어와 같은 단어이다. 활동하시는 하나님의 분위기(공기)가 바로 성령이신 것이다. 그 당시에는 몰랐지만 그 때 내가 경험한 것은 바로 성령의 교제였다. 나도 모르는 사이에 하나님은 내게 신학을 가르치고 계셨다.

연경에서 중국을 배우다

평양 외국인 학교를 졸업하고 난 후에 나는 중국에 머물고 싶었다. 우리 가족과 가까이 지내던 분들은 내가 언젠가는 중국인이 될 수 있다고 생각하는 것이 얼마나 무익한 일인지를 힘주어 강조하곤 했다. 그러나 나는 그렇게 되고 싶었다.

아마 보수적인 휘튼 신학교에 가는 것이 내게는 더 합당한 일이었을 것이다. 그 곳에서는 이디스 토리 고모가 성경을 가르치고 있었고, 그 지역에는 할머니와 다른 친척들도 살고 있었으며, 친구들도 있었다. 그러나 바로 그 곳만 제외한다면 어느 곳이라도 갈 수 있을 것 같았다. 우리 가족은 스위스로 가는 것을 진지하게 고려했다. 내가 싫어하는 나라 미국에 가는 것을 늦출 수 있다는 사실 때문에 나는 스위스에 매력을 느꼈다.

그러다가 결국 북경에 있는 연경 대학에 1년 다니고, 그 후에 노스캐롤라이나 주에 있는 남침례 신학교인 데이비슨에 가기로 결정했다. 남침례 신학교는 남부 사람인 어머니의 마음을 끌었고, 나는 휘튼에 가는 것을 피하기 위해서 그 결정에 동의했다. 아버지가 결코 휘튼에 가라고 강요하지 않았으리라는 것을 나는 알고 있었다. 아버지는 나를 잘 아셨기 때문에 내가 거기에 가면 완전히 반항아가 될지도 모른다는 사실을 파악했다. 그러나 아버지는 말수가 적은 분이었다. 그래서 나는 종종 아버지의 친구분들이 나누는 이야기를 듣고 아버지의 생각을 오해하곤 했다. 그런데 그와 비슷한 문제가 지금 우리 아이들과 나 사이에 있다. 나를 이해하지 못하는 주변 사람들에게서 이런저런 이야기를 들은 아이들이 내 실제 생각과는 다르게 이해하는 것이다. 심지어는 내 동역자들이 나도 모르게 아이들에게 준 상처 때문에 그들의 기억의 치유를 위해서 기도해야 했던 때도 있었다.

나는 연경에 가게 되어 기뻤다. 평양에서 학교를 다니고 있던 누나는 너무 멀어서 방학 때 집에 갈 수 없었지만 나는 갈 수 있었다. 어머니는 항상 영국의 전통에 따라 네 시에 차를 마셨는데, 그 시간에는 가족들과 손님들이 둘러앉아 차를 마시며 대화를 나누곤 했다. 남동생은 다섯 살밖에 안 되었기 때문에 곧 모임에서 빠졌고 아버지는 시골 교회들을 방문하지 않을 때도 항상 일이 많아서 잠깐 머물다가 일어나셨기 때문에, 결국 어머니와 나만 끝까지 남아 차를 마시며 햇빛 아래서 다양한 주제를 놓고 이야기를 나눌 때가 많앉다. 우리 두 사람 모두 다양한 관심을 가지고 있어서, 몇 시간이고 같이 이야기할 수 있었다. 우리가 나누었던 대화들의 구체적인 내용은 기억나지 않는다. 그러나 그 대화들은 나의 사고 구조를 형성하는 데 많은 영향을 미쳤다. 나중에 나는 어머니의 가장 친한 사촌들과 삼촌들이 나와 가장 잘 맞는다는 사실을 알게 되었는데, 이것은 내가 어머니의 태도와 관심에 얼마나 많은 영향을 받았는지를 말해 주는 좋은 잣대이다. 유머 감각이 있었던 어머니는 지나치게 심각한 분이 아니었다. 어머니는 당신 나름대로의 견해가 분명한 분이었지만, 가장 중요한 문제들에 있어서는 기본적인 기독교 진리의 한계를 넘지 않았다.

연경 대학은 여러 가지 면에서 내게 새로운 모험이 되었다. 나는 무엇을 하라고 일러 주는 후견인 없이, 내 인생에서 처음으로 성인으로서 스스로 결정을 내려야 했다. 그 결과 수강 신청을 잘못해 2학년이 듣는 분석 기하학을 듣기도 했다. 나는 학기 중반이 될 때까지도 내 실수를 알아차리지 못했다. 내가 이상하게 생각한 것은 '과제를 끝내는 데 걸리는 시간이 왜 다른 사람들의 두 배나 될까?'라는 것뿐이었다!

나는 불어로 수업이 진행되는 불어 시간을 제외하고는 영어로 수업을 진행하는 과목만 신청했다. 그런데도 중국 학생들과의 치열한 경쟁 때문에 너무 힘들어서 2학기 때에는 한 과목을 취소해야 했다. 그러나 과목들 자체는 전부 흥미로웠다.

대학 교목의 성향은 '자유주의적'이었고, 학생들에게 정신적으로

나 영적으로 별 자양분을 주지 못했다. 그러나 교회를 그리스도의 몸으로 여겨 교회에 충실했던 가족의 전통에 따라 채플과 주일 예배에 참석했다. 그 학교를 떠날 무렵에는 매우 보수적인 학생들로 이루어진 작은 기도 모임과 성경공부 모임을 알게 되어 그들과 몇 번 만나기도 했다. 나와 같은 방을 쓰고 식사도 함께 했던 다른 미국인들은 자유주의적이거나 세속적인 배경을 가지고 있었고, 그들이 나에게 미친 영향은 부정적이거나 중립적인 것이었다.

나는 보이 스카우트 일을 여전히 좋아했고, 북중국 미국인 학교에 있는 스카우트 연대와 계속 연락을 주고 받았다. 나는 독수리 계급을 따고 싶었는데, 마지막 남은 하나의 관문은 20일 밤을 '텐트'에서 자는 것, 즉 하이킹을 하면서 야영하는 것이었다. 나는 단원들과 함께 주말 하이킹을 몇 번 갔고, 나 혼자서 가기도 했다. 또한 번은 중국인 친구와 함께 가기도 했다.

우리 단원 전원이 며칠 밤 야영한 서산에는 높고 아름다운 초원이 있었는데, 같이 갈 사람을 못 찾으면 혼자서라도 가리라고 마음먹었다. 저녁 때 그 산 발치에 도착해서 땔감 운반을 도와 줄 마을 소년 하나를 고용했다. 야영 장소에 도착했을 때는 이미 날이 어두워져 있었고, 소년은 땔나무를 부려 놓고 돈을 받고는, 같이 저녁 식사를 하자는 나의 초대도 거절하고 산 아래로 쏜살같이 내려가 버렸다.

사실 나는 이미 저녁을 먹었고 불을 지필 필요가 없었지만, 사람들과 텐트와 캠프 파이어로 가득했던 계곡과 달리 나 혼자 작은 텐트를 치고 드넓은 북중국 평원을 바라보고 있는 모습이 너무나 대조적이어서 좀 우울했다. 나는 어둠을 물리치기 위해 작은 불을 지폈고, 하나님이 항상 같이 계신다는 것을 알면서도 비성경적이게도 모닥불로부터 위로를 받아야 한다는 사실에 조금 수치심을 느꼈다. 나는 자신을 위해 기도하면서, 신비주의에 빠진 그 마을 소년을 위해서도 기도했다. 그는 분명 그 계곡이 귀신들로 가득하다고 믿었을 것이다.

나는 오래된 절이나 그 밖에 관심을 끄는 곳에서 야영하면서, 중국 문화를 조금씩 배워 나갔다. 그 중에서 가장 인상적인 여행은 몇 명의 친구들과 함께 묘풍산에 갔던 것이었다. 우리는 산 발치까지는 자전거를 타고 여행했고, 여관에서 몇 시간 휴식을 취한 후 도보로 여행했다. 산 꼭대기에 거의 다 올랐을 때 우리 뒤에 펼쳐진 평원을 가로질러 해가 뜨기 시작했다. 북중국의 산은 대부분 나무가 전혀 없기 때문에 어디서나 멀리까지 내다볼 수 있었다. 산 꼭대기의 고개에 도달했을 때 산 건너편에 펼쳐진 광경이 우리 눈에 들어왔다. 우리가 서 있던 산 봉우리는 높이가 일정하게 하나의 원을 이루는 지형의 일부였고, 그 가운데 작은 봉우리가 솟아 있었다.

거기에는 절이 많았다. 순례자들이 여러 갈래의 길로부터 급경사를 지나고 계곡 밑을 건너서 마치 개미들의 긴 행렬처럼 중앙 봉우리로 모여들고 있었다. 순례자들은 밝은 오렌지 색깔의 수건이나 완장을 차고 있어서 그 광경이 매우 화려했다. 그 날은 그 성지의 큰 기념일이었기 때문에 사람들이 각지에서 수천 수백 명씩 몰려들었다.

길을 따라 내려가 평지를 지나 성지에 도착하자 향 냄새가 고요한 아침 공기 속으로 퍼지고 있었다. 그 봉우리를 다 내려와서 보니 사람들이 향을 피우고 있었는데, 다른 절들처럼 작은 향꽂이에 한 가닥씩 꽂는 것이 아니라, 한 뭉치에 한꺼번에 불을 붙여 재로 가득한 커다란 벽돌 용기에 꽂는 것이었다. 많은 사람들이 작은 산 위에 있는 여러 개의 절에서 우상들을 향해 절을 했다. 그러나 거기에는 행운을 바라는 마음과 그저 휴일을 즐기러 온 마음이 뒤섞여 있었다. 그들이 무엇을 믿는지 궁금했지만 묻지는 않았다.

거기에는 우리들처럼 놀러 온 학생들이 많았다. 북경과 서산에 있는 사원들과 그 외의 곳들에서는 종교적인 열정의 표시를 찾을 수 없었다. 강한 확신을 가지고 종교에 열을 올릴 수 있는 유일한 사람들은 그리스도인과 공산주의자들뿐이다. 그 당시의 역사적 흐름에서는 공산주의의 동조자들이 매우 신중을 기했지만, 기독교나 자기 중심적 물질주의의 유일한 대안인 공산주의를 가볍게 여겨서는 안 된다는 것만큼은 누구나 알 수 있었다.

나는 결국 20일 간의 야영을 마쳤고, 독수리 계급을 따냈다. 내 생각에 통주에서 독수리 계급을 딴 것은 아마 내가 처음이었던 것 같다.

연경에서 두 번째 학기를 지내는 동안 두 명의 중국인 친구의 초청에 따라 그들과 함께 살게 되었다. 그것을 계기로 내 인생에 처음으로 대등한 입장에서 중국인과 사귀게 되었다. 그 전까지 내가 만난 중국인들은 모두 하인이나 상점 주인이나 부모님 때문에 나를 아주 특별하게 대해 주었던 시골의 그리스도인들이 전부였다. 이 두 젊은이를 통하여 나는 그저 바라보기만 하는 중국이 아니라 함께 사귈 수 있는 중국을 엿보게 되었다. 그러나 그 기회는 너무 늦게 왔다. 몇 달이 지나지 않아 미국으로 가야 했기 때문이다. 전쟁으로 연락이 끊길 때까지 나는 그 친구들과 계속해서 편지를 주고받았지만, 전쟁 후로는 전혀 연락이 없었다.

우리는 기독교에 대해서 함께 토론했다. 그러나 그 토론은 학문적인 수준에만 머무르는 것이었다. 캠퍼스에 있던 그리스도인들은 학생들이 그리스도께 전혀 매력을 느끼지 못하게 만들었다. 기독교는 삶과 죽음이 걸린 문제라기보다는 나라의 미래를 위해 가장 유용한 철학을 선택하는 문제이거나, 혹은 어떤 화가를 좋아하고 어떤 시인을 좋아하느냐와 같은 단순한 취향의 문제였다. 기독교는 전혀 흥분할 만한 무언가가 아니었다. 적어도 연경에서는 그랬다.

그 즈음 중국인 룸메이트 한 사람을 통해 중국 문화에 대해 중요한 것을 배울 기회가 있었다. 그 친구에게는 외투가 딱 한 벌밖에 없었는데, 단추가 전부 엉성하게 달려 있는 데다가 그나마 하나는 떨어지고 없었다. 한마디로 공식적인 자리에 입고 갈 만한 옷이 아니었다. 하루는 그 친구가 자기 학장님의 집에서 열리는 리셉션에 초대를 받았는데, 내 새 외투를 빌려 줄 수 있느냐고 물었다. 나는 기꺼이 빌려 주면서, 단추를 잃어버리지 않도록 조심하라고 농담을 던졌다. 그러자 그는 외투를 다시 돌려주면서 빌려 입지 않겠다고 하는 것이었다. 그는 농담으로라도 그런 소리를 하는 것이 아니라고 말했다. 설사 자신이 외투를 누더기로 만들어 오더라도 친구가 사용했다는 사실을 내가 영광스럽게 받아들여야 한다는 것이었다. 그는 그것이 바로 친구를 대하는 중국인들의 태도로서, 물질적인 것과 비교할 수 없는 것이라고 설명했다.

그 당시에는 이러한 그의 태도가 좀 지나치다고 생각했지만, 오랜 시간이 지난 후 나는 그것이야말로 바로 그리스도께서 누가복음 6장 35절에서 가르치신 말씀이라는 것을 발견했다. "아무것도 바라지 말고 빌리라." 그러니 물질적인 것을 우정보다 앞세우는 야만적인 서구인이 문명화된 중국인에게 무엇을 가르칠 수 있었겠는가?

이 충격에 이어서 또 한 번 충격 받을 일이 있었다. 도서관에서 중국 문화에 대해 새로 나온 영어 책을 발견했는데, 그 책을 읽으면서 그 동안 내가 전혀 몰랐던 세계가 펼쳐지는 경험을 한 것이다. 그 때까지 나는 옛 여름궁의 폐허, 만주 정원과 성들, 비할 데 없이 아름다운 천단(天壇)과 만리장성 등을 방문했지만 중국 역사나 문명에 대해서는 전혀 아는 바가 없었다. 나는 미국 문화에 둘러싸여 자랐고, 내가 받은 교육도 전적으로 서구적인 것이었다. 세계적으로 유명하고 아름다운 중국식 캠퍼스를 가지고 있는 이 곳 연경에서마저도 모든 학과목들은 서구적인 것들이었고, 나는 내가 세계에서 가장 오래 된 문명의 하나인 중국 문명 가운데 살고 있다는 것을 느낄 수 없었다. 중국 문명은 매 7세기마다 부흥기를 맞이했고, 그 때마다 서구의 모든 것을 능가했다. 바로 이 시기, 20세기에 와서야 서구는 비로소 중국에 앞설 수 있었던 것이다.

'앞섰다'는 말에도 사실은 논쟁의 여지가 있다. 20세기의 서구 문명은 과연 의미가 있는 것일까? 기계, 돈, 속도, 효율성, 그 밖에 모든 물질적인 가치들을 강조하지만 아름다움과 자연과 철학과 인간 관계에 대해서는 전혀 관심이 없는, 그저 또 하나의 야만주의에 불과한 것은 아닐까?

그것을 생각하는 순간 나는 더 이상 방황하지 않게 되었다. 중국의 역사와 미술과 문화에 대한 책들을 손에 잡히는 대로 읽겠다는 의욕이 생겼다. 그것은 자극적이고, 인상적이고, 아름답고, 풍요롭고, 신나는 일이었다. 나는 중동과 서양 역사만을 배웠던 나의 교육이 제대로 된 교육이 아니었다는 것을 처음으로 깨달았다. 배신당한 기분이었다. 화가 났지만 다른 사람에게는 아무 말도 하지 않았다. 그저 학업에 지장을 주지 않는 선에서 최대한 시간을 내서 중국에 대한 책들을 읽어 나갔다. 나는 미국에서의 교육이 끝나는 대로 내가 태어난 이 땅으로 돌아오겠다고 그 어느 때보다도 강하게 결심했다.

탐색

연경 대학에서 1년을 보내고 미국으로 떠날 때가 되었다. 부모님은 나를 상해로 가는 기차에 태워 주셨다. 나는 상해에서 미국으로 가는 배를 탔다. 어떤 면에서 우리 가족은 중국의 전통을 따르고 있었다. 우리는 각자의 감정을 공개적으로 드러내지 않았기 때문에 이별하기가 훨씬 쉬웠다.

나는 바다 여행을 한다는 흥분에 사로잡혔다. 내가 탄 배는 요코하마와 호놀룰루에 정박했는데, 거기서 나처럼 대학 진학을 위해 미국으로 가는 몇몇 승객들과 함께 관광을 즐겼다. 그 배의 종착지는 캐나다의 밴쿠버였다. 나는 밴쿠버에서 기차를 타고 시카고를 거쳐, 할머니와 이디스 고모와 예전부터 알던 우리 가족의 친구들을 만나러 일리노이 주 휘튼으로 갔다. 이디스 고모는 나에게 라틴

어로 된 신약성경을 주었고, 당시 무디 성경 학교 교장이었던 제임스 그레이 박사는 자전거를 주었다. 이 두 선물은 영적, 육체적으로 나의 기동성을 더해 주었다.

그 전 몇 년 동안 고모를 방문할 기회는 몇 번 없었지만, 나는 그분을 존경하고 있었다. 그리고 나중에 안 일이지만 고모가 가르치는 학생들도 모두 고모를 존경하고 있었다. 나는 고모가 나를 위해 매일 특별히 기도했다는 것과, 우리가 직접 얼굴을 보고 만났던 경험의 영향보다 보이지 않는 영향이 더 컸다는 것을 알게 되었다.

고모는 나의 지적 정직함을 위해서도 기도하셨으리라고 믿는다. 고모는 성경 교사인 자신이 건전한 판단력을 가질 수 있도록 하나님을 의지했던 신중한 학자였을 뿐만 아니라(요 7:17), 할아버지처럼 논쟁은 피하면서도 자신이 속한 모임에서 가르치는 대중적인 가르침을 다 따르지는 않는 분이었다. 고모는 조용히, 그러나 견고하게 성경의 정확하고도 신실한 해석에 기초를 두고 있었다.

한번은 가족 기도 시간에 고모가 내게 성경을 가져다 달라고 했다. 나는 고모의 헬라어 성경이 영어 성경과 똑같이 생긴 것을 보고 장난으로 헬라어 성경을 건네 드렸다. 그런데 고모는 마치 영어 성경을 읽는 것처럼 영어로 본문을 읽어 내려가는 것이었다.

내가 신실하고 정확하게 성경을 공부하는 학생이 되기를 고모가 간절히 바라셨다는 것을 나는 알고 있다. 그러나 고모가 그런 목적으로 내게 직접적으로 훈계했던 기억은 없다. 할아버지의 본보기만으로도 고모에게 충분했던 것처럼, 그 할아버지를 따르는 고모의 본보기만으로도 내가 훈계를 받기에 충분했다.

나는 휘튼을 떠나 노스캐롤라이나의 작은 도시에 있는 데이비슨 대학에 신입생으로 등록했다. 연경에서 1년을 공부했기 때문에 2학년으로 등록할 수 있었는데도 데이비슨에서 4년을 다 다니기로 한 결정을 후회한 적은 없다. 이미 따 놓은 학점 덕분에 대학 마지막 2년 동안은 전공 분야에 더 많은 시간을 할애할 수 있었고, 다른 사람들에 비해 나이가 어렸기 때문에 오히려 성숙해질 여유를 가질 수 있었다. 그 때 나는 열일곱 살이었다.

그 당시 대학의 학생 수는 800명을 넘지 않았고, 그래서 큰 학교에서는 맛보기 어려운 친밀함을 누릴 수 있었다. 학업 수준이 높아서 열심히 공부해야 했지만, 명예 단체나 클럽, 토론회, 운동, YMCA(그 당시 기독교 학생 연맹의 역할을 했다), 교정 밖에서 간혹 열리는 스퀘어 댄스 등 흥미로운 과외 활동들이 많았다. 보수적인 기독교 학생들은 볼룸 댄싱에는 가지 않았지만, 이웃 마을에서 마련하는 구식 컨트리 댄스 파티에 참석하곤 했다. 어떤 종류의 춤이든 교정 안에서는 허락되지 않았다. 그러나 휘튼 대학과는 달리 흡연과 영화 상영은 허용되었다.

데이비슨에는 한 가지 좋은 관습이 있었다. 교수님 부부가 주일 저녁에 집에 머물면서 학생들의 방문을 받았던 것이다. 우리는 교수님들에게서 학문적이지는 않지만 중요한 것들을 많이 배웠을 뿐 아니라, 가정적인 분위기를 함께 즐겼고 영적으로 도움을 받았다. 데이비슨 대학의 교수님들 중에서 내가 가장 많은 영향을 받은 분은 프라이스 그윈 박사 부부였다. 나는 그분들의 집에서 대부분의 주일 저녁을 보냈다. 이러한 교제를 통해 작은 '철학 클럽'이 탄생했는데, 이 모임은 학년 초에 휴일을 잡아 산장에서 인생과 세상에 대한 거대한 주제들을 가지고 자유롭게 토론하곤 했다. 그윈 '엄마'는 한 번도 남자들의 철학적인 토론에 참여하지 않았지만, 드러내지 않는 풍부한 상식과 하나님의 뜻을 행하려는 단순한 헌신은 우리 모두에게 깊은 영향을 미쳤다.

이 장로교 대학에는 선교사와 목회자의 아들들이 많았다. 이들과 몇몇 목사 후보생들은 특별 장학금 후원을 받았고, 싼값으로 거처를 마련할 수 있었으며, 기숙사에도 싼값에 머물 수 있었다. 그래서 나는 좀더 종교적인 학생들과 같이 지내게 되었는데, 그렇다고 해서 이들과 항상 동류 의식을 가진 것은 아니었다. 캠퍼스에는 남학생 사교클럽도 있었는데, 나는 거기에 속할 만한 돈도 없었고 거기에 속한 부유한 학생들의 생활 양식에 매력을 느끼지도 않았다. 내가 속했던 학회 회원들은 대개 사교클럽과는 상관이 없는 사람들이었다.

일반적으로 말해서, 학교는 이 두 개의 부류로 나뉘어 있었다. 한편으로는 사교클럽 소속 학생들이 조용히 학내 정치를 조정하면서 자기들끼리 학내 직위를 나누어 가졌다. 사교클럽과 상관 없는 학생들은 비조직적이어서 전혀 위협의 대상이 아니었는데도 불구하고, 사교클럽측은 그들을 불편해 했고 그들이 조직화해서 패권을 장악할까 봐 계속 신경을 썼다! 나를 비롯한 친구들은 몇 번인가 그들의 염려를 이용하여 장난을 치면서 즐거워하기도 했지만 한 번도 학내 정치가 '비조직적인 것을 조직화해서까지' 할 만한 가치가 있는 것이라고 생각한 적은 없었다.

처음에는 이 대학에서 무엇을 전공해야 할지 몰랐다. 그러나 결국 사회학과 교육을 전공하게 되었고, 물리학, 생물학, 미적분학, 불어, 독어, 그리고 목회를 하려면 대학원에서 필요하게 될 헬라어 등을 선택 과목으로 들었다. 교육학을 전공했던 것은 사실 내가 연경에서 겨우 맛보기 시작했던 중국 문화를 계속해서 공부하려는 구실을 마련하기 위해서였다. 데이비슨에는 이 과목이 개설되어 있지 않았지만, 우등을 하면 두 과목 대신 하나의 연구 프로젝트를 선택할 수 있었다. 내 연구 제목은 '중국 고등교육 체계를 위한 제안'이었고, 이것을 구실로 도서관 상호 대출 제도를 통해 중국에 대한 책을 마음껏 읽을 수 있었다! 나의 지도교수였던 그윈 박사는 몇 년 뒤 새로 설립된 대학에 초대 학장으로 갔는데, 그 대학이 중국에 있는 것은 아니지만 나의 연구가 유용했다고 말해 주었다.

그러나 나의 대학생활에서 가장 중요했던 것은 학업이나 교수님이나 동료 학우들과의 관계가 아니었다. 나에게 가장 중요했던 것은 하나님과의 관계였다. 대학에 입학할 무렵에 나는 이미 내면적으로나 공개적으로 선교사가 되어 성직자의 길을 걸으며 하나님께 무조건 순종하겠다고 여러 번 헌신한 상태였다. 그러나 사실 나는 이 선택을 기쁘게 여기지 않았다. 성직자의 길이나 선교 사역 모두 매력이 없어 보였고, 과학, 특히 당시 막 생겨나던 핵 물리학이 훨씬 더 재미있어 보였다. 어느 청년 집회에서 처음 의식적으로 하나님께 삶을 드렸을 때, 나는 감정적으로 감동을 받았다. 그러나 시간이 지나면서 그 열정은 사라졌고, 성직자의 길을 가기가 무척 거리껴졌다.

대학에 정착한 지 얼마 지나지 않아 하나님이 정말 계신지 그렇지 않은지에 대해 확신이 없다는 생각이 들었다. 나는 항상 하나님이 계시다고 생각해 왔다. 하지만 정말 그렇다는 증거는 하나도 없었다. 그 때 아주 즐거운 생각이 떠올랐다. 나 자신이 사실로 받아들이지 않는 것을 가르칠 수는 없는 일이며, 따라서 하나님이 존재한다는 증거를 찾을 수 없다면 나는 성직자의 길을 가지 않아도 되는 것이다! 만약 하나님이 없고, 하나님에 대한 증거도 없다면 나는 자유롭게 물리학을 해도 된다! 나는 그 생각에 흥분을 느꼈다. 그러나 하나님이 정말 계시는데도 하나님의 존재를 부인하거나 무시한다면 정말로 큰 위험에 빠지게 될 것이다······.

이 문제는 반드시 해결해야 했고, 빨리 해결해야 했다.

'만약 하나님이 없다면 나는 물리학을 전공한다. 만약 하나님이 있다면 나는 좋건 싫건 하나님이 시키는 대로 한다.'

그러나 어떻게 이 문제를 해결할 수 있을까? 나는 이 문제의 책임을 하나님 자신에게 돌리기로 했다. 그래서 이렇게 기도했다.

"하나님, 당신이 정말 계시다면 제가 실제적으로 그것을 알 수 있게 해 주십시오. 저는 채플에 참석하고, 매일 성경을 한 장씩 읽고, 오늘처럼 솔직하고 단순하게 기도하겠습니다."

나의 탐색은 이렇게 시작되었다. 4년 동안 일주일에 5일 간 채플에 참석하기 시작했던 초기에는 채플에서 별다른 영향을 받지 못했다. 우리가 예수님의 이름으로 모였으니 예수님이 그 곳에 계셨으리라고 생각한다(마 18:20). 예수님은 내 곁에 앉아서 보이지 않는 영향을 주셨을 것이다. 이디스 고모와 나의 부모님과 조부모님, 그리고 나의 할아버지를 사랑했고 내가 같은 이름을 가지고 있기 때문에 나를 위해 기도해 준 그레이 박사 같은 분들의 기도가 나에게 보이지 않는 영향을 끼쳤듯이 말이다.

이 '실험'을 시작한 지 며칠 되지 않아 요한복음 7장 17절이 마음에 와 닿았고, 나는 한 가지 문제점에 봉착하게 되었다. 이 말씀의 정의에 따르면 나는 하나님의 뜻을 행하려 하지 않기 때문에 그가 정말 계신지 여부를 결코 알 수 없을 것이다! 심각한 고민 끝에 만약 하나님이 계시다면 내 마음을 움직여 달라고 간구하기로 했다. 이틀 동안은 아무 변화도 없었다. 그런데 사흘째 되던 날, 만약에 하나님이 계신다면 그분은 아마 나의 창조주일 것이고, 그렇다면 나 자신보다 나를 더 잘 알고 계시리라는 생각이 들었다. 그분은 또한 사랑의 하나님이실 것이고(성경은 '하나님은 사랑'이라고 말하고 있으니 말이다), 내가 나중에라도 그 일이 좋고 가치있고 즐겁다는 것을 깨닫지 못할 그런 일은 시키지 않으실 것이다! 이상하게도 나의 마음이 갑자기 변하는 것을 발견했다.

당시에 나는 학생회 회장, YMCA 회장, 학교 신문 편집장 중 어디에 도전할지 고민중이었다. 그 가운데서도 편집장이 되면 더 많

"하나님, 당신이 정말 계시다면 제가 실
제적으로 그것을 알 수 있게 해 주십시
오."−데이비슨 대학에서 하나님의 존재를 탐색
하던 시절. 1939년.

은 영향을 미칠 수 있을 것 같았다. 어느 날 아침, 그 날 읽어야 할 본문을 펴 보니 전부 5절밖에 되지 않았다. 그 본문은 예레미야 45장이었다. 나는 매일 나에게 특별한 의미가 있을 것 같은 구절을 하나씩 찾곤 했는데, 1절은 나와 별 상관이 없었다. 2절도, 3절도, 4절도 마찬가지였다. 그런데 5절에 오니 "네가 너를 위하여 대사를 경영하느냐? 그것을 경영하지 말라!"고 쓰여 있었다. 마치 누군가가 나를 치는 것 같았다. 만약 하나님이 계시고 그분이 나에게 말씀하고 계시다면, 그리고 내 실험이 정직한 것이 되기를 원한다면 그 말씀에 순종해야 한다는 것을 나는 알고 있었다. 나는 그 즉시 캠퍼스에서의 모든 야망을 버렸다.

얼마 후 할아버지가 쓰신 〈성령 세례〉(Baptism in the Holy Spirit)를 읽었다. 나는 이것이 성경의 주제라는 것을 깨달았고, 하나님의 일을 하려면 성령 세례를 받아야 한다는 것을 깨달았다. 나는 이 선물을 간구했고, 이 선물을 받았다는 것을 믿음으로 받아들였다. 또 특별히 매일의 인도를 간구했는데(요 16:13; 약 1:5-8), 구체적이고 정확한 인도를 받는 일에 관해 재미있는 경험을 많이 했다. 물론 나는 집에서 함께 했던 가족 기도의 영향을 받았고, 특히 우리 가정이 옥스퍼드 운동과 연결된 후부터 하나님의 인도를 구하는 기도의 영향을 받았다.

그렇게 1년이 지났다. 그러나 내게는 여전히 확신이 없었다. 한가지 아는 것은 이 실험을 그만둘 수 없다는 것뿐이었다. 둘째 해말에 우리 가운데 일어나고 있는 많고도 사소한 일들이 그저 우연히 일어나는 것은 아니리라는 생각이 강하게 들었다. 물론 그렇다고 해서 그것이 무슨 증거가 되는 것은 아니었다. 나는 이 실험을 1년 더 계속하기로 했다.

그런데 셋째 해가 반도 지나기 전에 내 의심의 그늘을 넘어, 그 동안 하나님이 나의 기도를 들으셨으며 나를 분명하게 인도해 주셨다는 것을 알게 되었다. 하나님은 실재하는 분이시며 성경에 계시된 하나님이시라는 것을 알게 된 것이다. 하나님은 나에게 자신을 보여 주셨다. 내가 그분을 부인할 수 있는 길은 어디에도 없었다. 내가 예수님을 따를 때 어떤 모험을 겪게 될지에 대해서는 여전히 아는 바가 전혀 없었다. 그러나 이 발견과 함께 생긴 문제는 더 이상 '종교'를 사소한 것이나 선택적인 것으로 볼 수 없게 되었다는 것이다. 만약 어떤 것이 하나님의 뜻이라는 것을 알았다면 그 뜻대로 해야 했다. 그리고 어떤 것이 하나님의 뜻에 위배된다는 것을 알았다면 그것에 저항하거나 적어도 조심스럽게 피해야 했다.

이런 생각을 하게 되면서 나는 학교의 체제에 저항감을 느꼈다. 그렇다고 해서 대학원을 포기할 만큼 저항한 것은 아니지만, 똑똑한 학생이나 '지도자'들에게 우등상을 주는 체제에는 저항했다. 나는 학교와 사회의 포상 체제가 예수님의 가르침과 완전히 반대되는 것이라는 것을 발견했다.

또한 나는 부흥을 위해 일하고자 했고, 캠퍼스 내의 몇몇 기도 모임에 적극적으로 참석했다. 우리 모임이 학교 생활의 일반적인 흐름에 큰 영향을 미치지는 못했지만 나는 '소수 지도자'라는 평판을 얻게 되었다. 때로 그 '소수'가 나 혼자일 때도 있었지만 그래도 포기하겠다는 생각은 하지 않았다. 나는 권세자들과 학자들 앞에 홀로 서셨던 주님과 나를 동일시할 수밖에 없었다. 나는 "우리가 만일 미쳤어도 하나님을 위한 것이요, 만일 정신이 온전하여도 너희를 위한 것이니"(고후 5:13)라고 말한 바울과 같은 심정을 느꼈다.

미국에서의 여름방학은 해마다 9개월 간 대학에서 보내는 시간만큼 교육적이었다. 방학은 분명히 나의 건전함을 회복시켜 주는 기간이었다. 학교에서 공부하는 동안에는 모든 초점이 나의 자아에 맞추어져 있었다. 다른 학생을 돕는 데 시간을 보내는 것은 성적이 내려가는 모험을 감행하는 것이었고, 따라서 네 이웃을 네 몸같이 사랑하라는 예수님의 가르침을 실천하려면 불리함을 감수해야 했다. 대학에서 '성공'하기 위해서는 자기 중심적이 되어야 했다. 체제 자체가 그렇게 고안되어 있는데도, 교수님들은 한 번도 그러한 체제에 문제가 있다고 생각하지 않는 것 같았다. 그 체제는 너무나 경쟁적이었고, 가장 이기적인 학생들이 가장 좋은 상을 받았다.

이러한 체제의 영향은 내 안에 혼란을 일으켰으며, 그 혼란은 해가 갈수록 더 심해졌다. 그러나 날이 갈수록 신경질적이 되어 가면서도, 나 자신은 그 사실을 모르고 있었다. 나의 이러한 정신적 질병은 겉으로는 종교의 형식을 띠고 나타났기 때문에, 대부분의 사람들에게는 그저 광신자로 보였을 뿐이었다. 나에게 정신의학적 도움이 필요하다는 것을 눈치챈 사람은 아무도 없었다. 하나님의 은혜로 정신의학적인 상담이 아니라 여름 활동을 통해 도움의 손길이 왔을 때, 나는 자기 중심적인 태도에서 벗어나 타자 중심적인 태도를 가지게 되었다.

대학에서 첫 1년을 보낸 후에 맞이한 첫 여름방학 때, 학장이었던 그윈 박사가 그 누이가 하는 어린이 캠프에서 내가 일할 수 있게 해 주었다. 그 캠프의 스탭들은 매우 지적인 사람들이었다. 아이들과 함께 일하는 것은 지나치게 지적인 대학의 분위기에 대한 좋은 해독제가 되었다.

메리 그윈의 캠프는 어린아이들을 위한 것이었고, 한 달 동안만 진행되었다. 그러나 나에게는 너무나 기쁜 체험이었다. 나는 어린아이들에게 관심을 집중할 수 있었고 그 경험은 나중에 좀더 나이든 아이들을 대하는 데도 좋은 바탕이 되었다. 하룻밤 자고 오는 캠핑 여행과 하이킹은 매우 즐거웠고, 그 경험 모두가 나를 크게 치유해 주었다. 물론 의식적으로 치유를 구한 것은 아니었다. 사실 나는 내게 치유가 필요하다는 사실조차 모르는 상태에서 그저 야외 생활을 즐기고 단순한 공동체 생활을 좋아했을 뿐이었다. 그 때 내가 산에서 지내면서 창조주께 가까이 갈 수 있었으며 그리스도인 스탭들이나 어린이들과의 교제 속에서 그리스도께 가까이 갈 수 있었다는 것을 깨달은 것은 나중의 일이었다.

스탭 중에 영국 성공회 신부의 아내가 있었는데, 그분이 나에게 매일의 헌신을 위한 기도책(나는 그 후 수년 동안 이 책을 정기구독했다)과 공동기도책을 주었다. 시간이 지나면서 이 책들은 조금씩 나의 정신을 형성해 나갔고, 나도 모르는 사이에 나를 성공회 교인으로 만들었다! 어쩌면 내 안에 이미 성공회적인 생각들이 있었는데, 그 책들이 그 생각들을 강화시킨 것이었는지도 모르겠다.

심리학자들은 내가 경험한 치유를 '일을 통한 치료'(occupational therapy)라고 할 것이다. 그것은 맞는 표현이다. 그리고 어떻게 부르든지 간에 이것은 나의 정신적 건전함을 회복시켜 주었다. 나는 여름 캠핑에 거의 중독될 정도가 되었고, 결혼하기 전까지 해마다 여름 캠핑을 갔다. 신혼 여행에도 신부를 데리고 캠핑을 갈 정도였다!

나는 내가 여름의 편안함에만 안주하는 것이 아니라는 것을 보여 주기 위해, 대학 친구 한 사람을 설득해 겨울 캠핑을 가자고 했다. 캠핑 여행 중 두 번은 매우 험난한 여행이었는데, 나는 이 경험을 통해 내가 대학의 사교계를 장악하는 위대한 운동선수들에 비해 전혀 열등하지 않다는 사실을 확인할 수 있었다. 이러한 경험들은 미래에 대해 확신을 가지도록 도와 주었고, 그 이후 나의 인생에서 부딪치게 된 모험들을 상대적으로 어린애 장난처럼 볼 수 있게 해 주었다.

그 중 첫 번째 위험한 여행은 첫해 여름에 간 것이었다. 같은 스탭이었던 알 케이츠와 나는 프렌치브로드 강을 따라 카누 여행을 가기로 했다. 그 지역에 있는 다른 캠프에서는 소년들을 위해 그런 여행을 자주 마련한다는 소리를 들었다. 그러나 그들이 카누 여행을 가는 곳은 다른 지역이며, 우리가 가려고 하는 곳은 바위가 많고 험한 곳이라는 사실을 우리는 모르고 있었다. 그래서 우리가 계획하고 있는 여행의 위험성을 조금도 알아채지 못했고, 왜 사람들이 우리 말을 듣고 그렇게 놀라는지도 이해할 수가 없었다.

그러나 머지않아 우리는 그 이유를 알게 되었다. 무엇보다 먼저 카누가 필요했다. 우리는 돈이 없었고, 좋은 카누는 엄청나게 비쌌다. 결국 우리는 가까운 소년 캠프에서 낡은 카누 하나를 발견해 냈고, 필요가 없어서 버린 것이었기 때문에 공짜로 가져올 수 있었다. 우리는 그 카누를 최대한 잘 수선했다. 출발 시간이 되었을 때, 지도원 한 사람이 물었다.

"노는 있어요?"

물론 우리에게는 노가 없었고 노를 살 돈도 없었다. 그러자 그는 나무더미에서 두 개의 판자를 집어 우리 카누에 던져 넣으면서 말했다.

"이걸로 직접 만들어 봐요."

마침내 우리는 출발했다. 캠프 친구들이 캠프가 끝나고 남은 캔 음식을 몇 개 주었다. 우리는 침구와 소지품들을 말끔하게 말아서 카누 아래쪽에 넣은 다음, 평온한 프렌치브로드 강 위로 카누를 저어 갔다. 왜 사람들이 이 여행을 위험한 모험이라고 생각하는지에 대해 막연한 의문을 품으면서 말이다.

우리는 북적대는 문명을 멀리 한 채 가장자리에 나무가 줄지어 늘어서 있는 강을 따라 가면서, 칼을 꺼내 판자를 노로 만드는 작업을 시작했다. 여행이 끝날 무렵에는 꽤 괜찮은 노를 만들 수 있었지만 그 전까지는 판자의 거친 가장자리가 썩 편안하지는 않았다.

첫날은 아주 목가적이었다. 우리는 넓은 사유지에서 그 날 밤을 보냈는데, 나중에 가서야 그 땅이 미국에서 가장 부유하고 권력 있는 사람 중 하나의 소유라는 것을 알았다. 오늘날 그 곳은 공공 박물관이 되었지만 그 당시에는 그런 곳이 있다는 사실조차 모르는 사람들이 많았다. 그 지역을 돌아다니면서 성처럼 장엄한 건물들과 끝도 없이 펼쳐진 정원을 보았을 때 우리는 우리의 눈을 믿을 수 없을 지경이었다. 무단침입죄로 쉽게 체포될 수도 있었지만 운이 좋게도 안전하게 우리 거처인 강가로 돌아올 수 있었다.

우리는 그 근처에서 건초더미처럼 보이는 것을 발견했는데, 푹신해서 잠자기에 좋겠다 싶어 거기서 잠을 잤다. 새벽이 되어서야 우리는 그것이 건초더미가 아니라 태우려고 모아 둔 쐐기풀과 잡초라는 것을 발견했고, 왜 그렇게 밤새 온몸이 가려워서 긁어 대야 했는지 알게 되었다. 카누에 물이 새서 침구가 다 젖었기 때문에 잠자리는 이래저래 불편할 수밖에 없었다. 이틀째가 되면서 우리는 약간 수척해졌다.

둘째날 중반쯤에 마치 긴 기차가 우리 시야에 가려진 나무들 너머로 지나가는 듯한 우렁찬 소리가 들려 왔다. 그러나 그 소리는 점점 사라지는 것이 아니라 오히려 점점 커지고 있었다. 우리는 그 소리가 우리 앞에서, 즉 강 아래쪽에서 들려 온다는 사실을 깨달았다. 혹시 급류가 아닐까 하는 생각이 들었다. 아니나다를까, 갑자기 거품층이 평온했던 강을 가로지르며 나타났고, 우리는 표석 사이를 뚫고 나갈 길도 미처 헤아리지 못한 채 순식간에 바위와 표석과 거품 이는 물에 둘러싸였다. 그래도 지그재그로 미친 듯이 노를 저어 배가 뜰 만큼 물이 넉넉한 곳으로 잽싸게 피해 갔다. 때로는 카누가 바위 위에 걸려 아랫부분이 휘어지면서 부러질 듯 위태로워지기도 했다. 그럴 때면 카누의 무게를 줄이려고 고물 쪽에 있는 사람이 강으로 뛰어내렸다. 그러나 그렇게 할 경우 갑자기 카누가 강을 따라 휙 내려가 이물에 있는 사람이 배를 조정할 수가 없었기 때문에 있는 힘을 다해 배를 잠잠한 곳으로 끌어놓은 다음, 강으로 뛰어든 사람이 물살을 헤치고 올 때까지 기다려야 했다. 물살을 헤치고 오는 것은 쉬운 일이 아니었다. 갑자기 구혈에 빠져 물 속에 잠기기라도 하면 곧바로 급류에 휘말려 멍이 들도록 표석에 부딪치곤 했기 때문이다. 그러나 멍든 것을 염려할 겨를이 없었다. 일단 강 아래로 벗어나는 것이 우선이었다. 간략하게 말하자면, 강둑에서 카누를 고치고 옷을 말리면서 보낸 평온한 일요일을 빼면 그 여행기간 내내 빠른 물살 속에서 여기저기 부딪쳐 가며 멍들어야 했다.

우리는 큰 도시에서 강 아래쪽으로 지나갔는데, 그 도시에서 흘러나오는 하수가 물을 오염시킨다는 사실을 모르고 있었다. 우리가 그 사실을 안 것은 나중에 상처와 멍든 자리가 감염되고 난 후였다. 우리는 여름 내내 염증을 치료해야 했다!

일주일 후, 강둑과 기차역을 따라 물이 잔잔하게 흐르는 곳에 이르렀다. 우리는 폭우가 내려 강물이 맹렬한 물살로 바뀌기 직전에 카누를 강둑으로 옮겼다. 우리는 그 카누를 화물차 편으로 보내고 나서 다음 열차를 타고 문명세계로 돌아왔다.

겨울 캠핑은 물론 전혀 달랐다. 그러나 여전히 예상치 못했던 일들로 가득했고, 하나님이 우리처럼 어리석은 사람들을 과연 또 다시 살려 주실까를 질문할 지경에까지 이르렀다. 우리는 살아났다. 그러나 나는 나중에 한국에서 겨울에 고무신만 신고 가족 식기도를 인도하게 되었을 때, 동상에 걸렸다는 사실을 알게 되었다!

대학 친구인 월러스 쉬어러는 '죽음에서 우리를 구해 준 두 개비의 성냥'라는 제목의 글에서 이 겨울 캠핑에 대한 이야기를 썼다.

"거기 대신 킹스 산으로 가면 너희들에게 5달러씩 주마."

"고맙지만 괜찮아요, 아버지. 우리가 원하는 건 그게 아니에요."

그 주가 지나기도 전에 우리는 그 제안을 받아들이지 않은 것을 후회하게 되었다. 하지만 그것은 이미 지난 일이었고 우리는 큰 실수를 한 것이다. 우리는 각자 담요, 건조 식품, 정부에서 제작한 그레이트스모키 산 지역의 지형학 지도를 포함한 각종 캠핑 도구 등, 60파운드의 짐을 지고 노스캐롤라이나의 킹스 산으로부터 15마일 정도 떨어진 곳에서 차를 내렸다.

우리는 주제파악을 못한 풋내기들이었다. 둘 다 보이 스카우트 시절에 했던 캠핑말고는 다른 경험이 없었으며, 9월부터 크리스마스 휴가 때까지 책에 코를 파묻고 산 다른 사람들보다 나을 것이 없었다.

우리는 그 날 밤 히치 하이킹(지나가는 자동차에 편승하면서 하는 도보 여행-역주)을 해서 노스캐롤라이나의 애슈빌까지 갔다. 그리고 하루에 한 번만 다니는 부쉬넬 행 기차가 오기 직전에 장비를 확인하고는 기차 끝에 겨우 올라탔다. 그 날 밤 우리는 첫 봉우리에 올라 거기서 천막을 치려고 했는데, 기차에서 내리고 보니 장비가 없었다. 기차에 두고 내린 것이 아니라 아예 처음부터 가지고 타지도 않았던 것이다. 장비를 찾으려면 다음 날까지 기다려야 했다.

시작부터 이 모양이라니! 먹을 것도 없었고 먹을 것을 살 곳도 없었다. 가게가 있기는 했지만 그 날은 일요일이어서 좋건 싫건 간에 휴식과 금식의 날로 보내야 했다. 산들을 답사하면서 우리는 산장을 하나 발견했고, 얼음같이 찬 샘물을 마시면서 우리가 처한 곤경을 산장지기에게 이야기했다. 그러자 그는 자신의 식구들과 함께 그 날 밤을 지내라고 했다. 우리는 그의 친절을 받아들여 배불리 저녁을 먹고 나서 화로에서 이야기를 하다가 '환영'이라고 쓰여 있는 현관 매트를 침대 삼아 잠을 잤다.

춥게 잔 덕에 다음 날 아침에 천식기가 좀 있었지만, 오후에 캠핑 장비들이 도착했을 즈음에는 천식기도 가라앉았다. 밝을 때 길을 가서 밤에 잠을 자려면 시간 여유가 두 시간밖에 없었다. 산봉우리 평평한 곳까지 갈 시간이 도저히 안 되었지만 일단 시도는 해 보기로 했다.

천막을 치고 무엇이라도 먹으려면 3~4마일 정도 가다가 멈

취야 했다. 천막을 치기에 적합한 곳이 딱 한 곳 있었다. 우리는 각자 2인용 소형 천막을 대학 ROTC에서 빌려 왔다. 불을 지피는 데는 별 문제가 없었고, 우리는 허기진 배를 채우려고 스프 한 캔을 데우기 시작했다. 그런데 경외감이 들 정도로 고요하던 그 곳에 갑자기 엄청난 천둥소리가 터져나왔다. 그리고 소리가 잦아들면서, 비가 서서히 내리기 시작했다. 그것은 콩으로 된 비였다! 깜빡 잊고 깡통에 구멍을 뚫지 않아 열에 팽창된 깡통이 터져 버린 것이다. 할 수 없지. 해가 뜨면 내일 몫의 양식을 먹으면 될 거야. 그러나 혹시 곰이 나타나지는 않을까 한쪽 귀를 곤두세우고, 다른 한편으로는 산 비탈 쪽으로 구르지 않으려고 애를 쓰다 보니 영원히 해가 뜨지 않을 것만 같았다. 우리가 평평한 줄 알고 천막을 쳤던 곳이 사실은 전혀 평지가 아니었던 것이다.

캠핑 전문가들이 도구를 철수하고 길을 떠날 무렵에서야 우리는 비로소 깊은 잠에 빠져 들었다. 9시 반에 짐을 챙겨 첫 봉우리를 향해 출발했다. 그 날 밤이 되어서야 봉우리에 도착했는데, 아침에 일어나 보니 눈이 9인치나 쌓여 있었다. 주변에 곰이 지나간 발자국이 있었지만 다행히 우리는 변을 당하지 않았다. 뜨거운 오트밀을 먹고 그 날을 시작했는데, 원래 이 식사는 더블스프링 계곡에 가서 먹어야 할 분량이었다. 여기까지 오는데 하루가 더 걸렸고 이틀 전에 콩을 못 먹고 버렸기 때문에, 일일 식사 배급량을 지키지 못하고 미리 당겨서 먹을 수밖에 없었다.

경사가 50도나 되고 눈까지 덮인 산을 60파운드의 짐을 지고 가 본 적이 있는가? 우리는 그렇게 해 본 적이 한 번도 없었다. 우리가 할 수 있는 최선의 방책은 셔츠만 입고 열 걸음에서 열다섯 걸음쯤 가다가 멈춰서 쉬는 것뿐이었다. 10초가 우리가 쉴 수 있는 최대 시간이었는데, 10초만 지나면 추워졌기 때문에 열을 더 내기 위해 걸어야 했다.

이렇게 천천히 단조로운 걸음을 걸은 지 몇 시간은 지난 것 같았다. 정상인 것 같아서 힘을 내서 가 보면 그 뒤에 가려졌던 더 높은 봉우리가 모습을 드러내곤 했다. 우리는 일정이 너무나 많이 뒤처져 있었기 때문에 먹는 데 시간을 보내지 않는 것이 낫겠다고 판단했다. 그 날 밤에는 더블스프링 계곡까지 가야 했다. 일정이 더 늦춰지면 클링맨즈 돔에 가기 훨씬 전에 식량이 다 떨어질 위험이 있었다. 우리는 클링맨즈 돔에서 잠시 문명세계로 돌아가 먹을 것을 챙겨서 집으로 갈 예정이었다. 그런데 눈 때문에 예정보다 이틀이 지체되었다.

숨이 차고 근육이 아파서 힘들었지만, 주변에 인간이라고는 전혀 볼 수 없는 자연을 볼 때 그 외경스러움에 감탄하지 않을 수 없었다. 생명체의 흔적은 하나도 없었다. 새 한 마리도, 소리도, 지평선을 흐리는 연기도 없었다. 그저 나뭇가지에 빛나는 얼음 조각과 잠자고 있는 듯한 땅을 흰 담요처럼 묵묵히 덮고 있는 눈뿐이었다. 여기서는 거짓 없이 하나님과 대화할 수 있었고, 하나님 없이는 우리가 정말 아무것도 아니라는 것을 알 수 있었다. 이것이 야외 활동을 즐기는 이가 누리는 축복이다.

어둠이 다가오고 있었고 우리가 가기로 한 길에는 여전히 봉우리들이 솟아 있었다. 바람이 거세지면서 추위가 더 심해져 휴식 시간은 짧아질 수밖에 없었다. 드디어 마지막 봉우리에 다 온 것 같았다. 그것은 정말 봉우리였다. 어릴 때 내가 생각했던 산은 가파르고 뾰족해서 그 꼭대기에 서면 몸을 벨 것 같은 그런 산이었다. 이 봉우리는 마치 그런 산처럼 넓이가 2~3피트 정도밖에 되지 않는 데다가, 이제는 바람마저 양쪽에서 불어닥쳤다. 바람에 지면의 눈이 다 쓸려가서 우리는 눈 대신에 얼음이 덮인 바위를 타야 했다. 이미 오래 전에 수목 한계선을 지났기 때문에 미끄러질 경우에는 아무것도 붙잡을 것이 없었다. 그래서 우리는 서로를 붙잡았다. 한번 미끄러지면 얼마나 멀리 떨어지거나 구르게 될지 전혀 알 길이 없었다. 그러나 다행히도 우리는 발을 잘 딛고 있었다. 지도에서는 이곳을 '협곡'이라고 표기해 놓았다. 그 와중에도 한 가지 즐거웠던 일은, 우리가 이 여행에서 첫날밤을 지낸 이래 처음으로 길을 잃지 않고 제대로 가고 있다는 확신을 가졌다는 점이다. 우리는 더블스프링 계곡에서 2마일 정도밖에 떨어져 있지 않다는 것도 알게 되었다.

이제 달빛이 환한 밤이 되었고, 8시가 넘었다. 그러나 나는 마음이 낙담될까 봐 시간 이야기를 꺼내지 않았다. 뼛속까지 얼어붙은 우리는 가파른 곳을 지나면 바로 텐트를 칠 수 있는 장소를 찾기로 했다. 달빛 속에서 혹시 길을 잃은 것은 아닐까 두려웠기 때문에, 날이 밝으면 다시 궤도에 오르기 쉽도록 너무 멀리 가지는 않기로 했다.

길을 멈추기는 했지만, 그것은 계속 가는 것보다 더 힘들었다. 일단 몸을 덥힐 만한 것이 하나도 없었다. 2인용 소형 텐트를 펼치려 해도 얼어붙어서 너무 딱딱했고, 불을 지피려 해도 불이 붙을 만큼 마른 나무를 구할 수 없었다. 나에게는 촉매 작용으로 불이 붙는 라이터가 있었는데, 필라멘트가 달아오르려면 사람 체온만큼의 열이 필요했다. 여분의 라이터 용액을 전나무 잎에 부어 성냥으로 불을 붙이려 했지만 바람이 성냥불을 꺼 버렸고 용액을 증발시켰다. 여러 번의 시도 끝에 남은 것은 결국 달랑 성냥 두 개비뿐이었다. 몸이 너무 떨려서 빨리 불을 지피지 않으면 곧 얼어 버릴 것만 같았다.

"어떻게 하지?"

우리는 기도해야 한다는 데 동의했고, 함께 기도했다. 학교에서 하나님은 스스로 돕는 자를 도우신다고 들었다. 그러나 우리가 어떻게 스스로 도울 수 있는가? 우리가 할 수 있는 일은 이미 다 하지 않았는가? 우리는 다시 한 번 텐트를 펴려고 시도해 보았지만 텐트는 여전히 꽝꽝 얼어붙어 있었다. 텐트 하나가 90도 정도로 펼쳐지긴 했으나 너무 딱딱했기 때문에 모로 세워 불을 지피기 위한 바람막이로 사용하기로 했다. 그리고 나서 나무 둥치에서 부싯깃을 얻으려고 주변에 상록수가 있는지 다시 한 번 살펴보았다. 그러나 아무것도 찾을 수 없었다.

우리가 젖지 않은 작은 나무 하나를 찾아 낸 것은 뜻밖의 횡재였다. 우리는 그 나무를 아래쪽부터 최대한 작게 쳐 내서 그 조각을 피라미드 모양으로 쌓았다. 손이 너무 떨려서 피라미드를 몇 번이나 무너뜨렸다. 마침내 나무조각이 다 쌓이자 바람막이가 없는 양쪽으로 몸을 움직여 바람을 막고 두 개비의 성냥중 하나를 켰다. 불이 붙었다! 기도에 어떤 영적인 요소가 있는지 모르지만 그것이 진정한 것이라면 사람의 마음에서 안개를 걷어 내고 그의 정신을 더 효율적으로 사용할 수 있게 해 줄 것이다. 그것을 굳이 기도라고 부르기 싫다면 그렇게 하지 않아도 된다. 그러나 그것을 무엇이라고 부르든 그 본질에는 차이가 없다.

더블스프링 계곡이 어디에 있는지 아직도 모르는 상태에서 우리는 마실 물을 데우기 위해 눈을 좀 녹였다. 그런데 이상하게도 차가운 물을 마시고 싶은 욕망이 강하게 일어서 찬 물을 마셨다. 불이 타오르는 상태에서 우리는 텐트를 펴고 담요 아래 들어가 누웠다. 그러나 쉽게 따뜻해지지 않았다. 담요를 머리까지 뒤집어쓰고 숨을 쉬니 좀 나았지만, 그렇게 계속할 경우 습기가 차기 때문에 전과 마찬가지 상태가 되었다.

새벽이 왔다. 불가에 둔 신발은 적당히 말라 있었다. 더블스프링 계곡은 바로 우리 코앞에 있었다. 한쪽으로 열 발자국 정도 거리에 샘이 하나 있었고, 옆으로 다섯 발자국 거리에 또 다른 샘이 있었다. 전날 밤 내가 40~50야드 정도 가서 빙빙 돌다가 뜻밖의 횡재로 마른 나무를 구했던 곳은 우리가 있는 곳에서 15피트 정도 뒤떨어진 곳에 있었다.

우리는 풍성한 아침 식사를 하고 클링맨즈 돔으로 향했다. 그러나 우리가 그 곳에서 만나리라 기대했던 문명세계의 표시는 하나도 찾아볼 수 없었다. 겨울이어서 다 문을 닫고 집에 가 버렸던 것이다. 우리는 휴게소에 짐을 숨겨 놓고 산을 내려가 CCC 도로로 향했다. 멀리 교차로에서 불빛을 본 순간, 피곤도 아랑곳하지 않고 뛰었다. 그 차가 막 떠나려는 아슬아슬한 순간에 우리는 사람들의 시선을 끌 수 있었고 차는 멈추었다. 그들은 정부 트럭을 타고 도로 정기 순찰을 하는 CCC 사람들이었다. 우리는 차에 올라탔고, 뉴파운드 계곡에서 체로키까지 우리가 지난 3일 동안 도보로 간 거리보다 더 먼 거리를 단 15분 만에 갈 수 있었다.

체로키의 한 아름다운 마을에서 우리는 일인당 1달러를 내고 밤을 지냈다. 이제 우리 수중에 남은 돈은 25센트였다. 히치 하이킹을 하다 보면 낙담이 될 때가 있는데, 급한 상황일 때 특히 더 그렇다. 우리는 빨리 돌아가야 했다. 샬롯까지 가는 것이 우리의 목표였지만, 히치 하이킹을 서너 번이나 했는데도 러더포드튼까지밖에 가지 못했다. 거기서 나는 공중전화로 교환원에게 전화를 걸 수 있는 만큼의 가격에 라이터를 팔아서 수신자 부담으로 집에 전화했다. 가스토니아까지 또 한 번 히치 하이킹을

하고 나서야 우리는 아버지를 만날 수 있었다. 우리는 거기서
베델로 가, 따뜻한 불 옆에서 포근한 크리스마스 이브를 맞이했
다.

"그래, 여행은 어땠니?"

우리는 말없이 웃기만 했다. 그리고 마음속으로 이렇게 말했
다.

'성냥 두 개비와 기도가 죽을 뻔했던 우릴 살렸답니다.'

앞의 이야기에 언급된 대로, 나는 캠핑말고도 당시 미국에서 널
리 유행하던 히치 하이킹을 했다. 그 당시에는 대학생들이 도로변
에 서서 지나가는 차를 향해 엄지 손가락을 들고 태워 달라는 표시
를 하기가 예사였고, 운전수건 차를 얻어 타는 사람이건 위험하다
는 생각을 하는 사람은 없었다. 나는 그 해 여름에 캐나다를 포함
한 북미 대륙을 여러 곳 여행했고, 미국 전역에 있는 친척들을 다
방문했으며, 다양한 교회 수양회에 참석했다. 다양한 사람들을 만
나고 다양한 관점들을 배울 수 있었던 것은 매우 교육적인 경험이
었다.

캐나다에서는 토론토 북부 머스코카 호수의 '캐네디언 케스윅'
(Canadian Keswick)이라는 이름의 훌륭한 수양회 센터를 방문했다.
그 곳의 성경 교육은 탁월했고, 그 수양회에 참석한 그리스도인들
대부분이 그들의 영적 여정에서 성숙한 사람들이었다. 케스윅 외에
도 내가 가장 자주 참석한 수양회는 할아버지가 세운 몬트로즈 성

경 수양회(Montrose Bible Conference)였다. 누나와 누나의 대학 친구가 몬트로즈에 있는 통나무집을 쓰도록 주선해 주어서 카누 여행을 마친 후 그리로 갈 수 있었다. 그분들은 나의 상처를 잘 치료해 주었다.

이틀 동안 히치 하이킹한 끝에 그 곳에 도착한 첫날밤은 몸에 온기가 생기지 않았다. 누나와 누나의 친구가 집에 있는 담요를 다 끌어다가 덮어 주었는데도 몸이 여전히 떨렸다! 그러나 이번에도 중요한 것은 좋은 프로그램과 아울러 그리스도인들과의 좋은 사귐이었고, 수양회 강사들의 강의 또한 정말 아깝지 않은 것들이었다. 대학 때 나는 여름 캠프에서 일하고, 수양회에 가고(한 번은 무디 성경학교에서 여름 학교 과정을 이수했다), 친척들을 방문하고, 히치 하이킹으로 전 미국을 돌아다니며 여름방학을 보냈다. 그 시간은 외향성의 삶을 사는 시간이었고, 남을 위해 일하는 시간이었으며, 자연 속에서 하나님과 교제하고, 교회에서 그리스도와 교제하는 시간이었다. 그 기간 동안 나는 모든 교파의 사람들을 만났고, 항상 새로운 모험을 기대했다. 이러한 경험은 학문 세계의 자기 중심적인 분위기, '좋은 성적을 위해 공부하는' 분위기에서 얻을 수 없는 것을 채워 주었다.

이것이 나중에 프린스턴 신학교에서 첫해를 보내고 나서, 다시 학교로 돌아가지 않기로 결정하게 된 배경이다. 나는 신학교로 돌아가는 대신에 일종의 '일을 통한 치료'를 찾아, 적어도 1년 내지 2년을 내 손으로 일하면서 학문 세계로부터 떨어져 있기로 결정했다. 우리 가족의 오랜 친구분이 나의 결정을 듣고 내가 전액 장학금을 받을 수 있는 길을 마련해 주었다. 그러나 나는 이 돈을 받는 것이 하나님의 뜻이 아니라는 것을 알았다. 장학금을 받지 않고 남아서 일을 하겠다는 결정은 내가 내린 결정 중 가장 잘한 것이었다.

진정한 칼뱅주의자

1939년 가을에 나는 프린스턴 신학교에 등록했다. 이 신학교는 프린스턴 대학 소속은 아니었지만, 프린스턴 대학과 상호 학점 인정제를 운영하고 있었다. 나는 이 협정을 이용해 프린스턴 대학에서 몇몇 언어 과정을 이수했는데, 그 중에는 투르키어(이것은 중앙아시아의 언어인데, 내게는 중앙아시아의 유목민들을 위한 선교사로 가려는 마음이 있었다)도 있었다. 수년 후에 나는 하나님이 내게 그 언어를 배우게 하신 이유를 알게 되었다. 한국어와 투르키어가 같은 언어권에 속해 있어서 문법이 서로 비슷했던 것이다!

200명이 넘는 신학생들은 네 개의 식사 클럽으로 나누어졌는데, 그렇게 나누고 나니 서로 사귈 수 있는 정도의 규모가 되었고, 학생 수가 적은 학교들이 가지는 장점이 큰 학교가 가지는 장점에 흡

수될 수 있었다. 나는 아버지가 속해 있던 벤험 클럽에 들어갈 수 있었다. 이 클럽은 융통성이 있어서 아직 하나님을 찾고 있는 학생들(그 중에는 그런 학생들이 제법 있었다)이 '이단'이라는 오해를 받지 않으면서 여유를 가지고 탐구를 계속할 수 있는 여지가 있었다. 우리는 매주 클럽 기도 모임을 가졌지만, 의무적으로 참석해야 하는 것은 아니었고 인위적이지도 않았다. 여기에는 그리스도의 임재를 증명하는 따뜻함과 개방성이 있었다. 우리는 이러한 분위기, 즉 '코이노니아'(요일 1:1-5) 속에서 사람들이 하나님을 만나는 것을 보았다.

캠퍼스 건너편에는 학교에서 가장 가까운 교회가 있었는데, 그 교회의 이름은 성삼위 성공회 교회였다. 나는 학교에서 맞이한 첫째 주일에 그 교회를 방문했고, 친절한 대접을 받았다. 그런데 얼마 후 교구 목사가 갑자기 돌아가시는 바람에 보좌 신부가 큰 교회를 혼자 감당하기 벅차게 되었다. 그래서 그는 내게 주일 학교를 도와 달라고 요청했고, 나는 기꺼이 받아들였다. 교구 목사는 내가 원하면 언제든지 영성체에 참석해도 된다고 했다. 그러나 내가 정기적으로 영성체에 참여하려면 성공회 교회 회칙을 따르겠다고 서약하고, 주교에게 견진성사를 받아야 한다고 생각하는 사람들이 회중 가운데 있었다. 그래서 나는 견진성사 수업에 참여하기 시작했다. 성공회 교회의 견진성사 수업과 신학교의 정규 수업은 내게 새로운 도전을 주었다.

신학교에서 수업이 있던 첫날, 나는 내 옆에 앉은 친구에게 이런

쪽지를 보냈다.

'이건 순 가톨릭 교리잖아!'

나는 기독교 신앙을 매우 개인적인 것으로 여기며 비성사적(非聖事的)인 신학을 중심으로 삼는 환경에서 자랐다. 나는 개인과 하나님의 관계만이 중요하다고 생각했고, 교회 출석은 개인이 은혜 가운데 자라가기 위한 수단이라고만 생각했다. 성경을 읽고 가르치는 것도 은혜의 수단으로만 여겼다. 그런데 '교회'란 그저 신자들이 배우기 위해 우연히 모인 모임이 아니라, 그 자체가 하나의 실재라는 말을 이제 듣게 된 것이다. 나는 로마 가톨릭만 교회를 믿는다고 생각했다. 그런데 성공회 교회가 스스로를 '가톨릭'이라고 생각하고 있다는 것을 알게 되었으며, 사도신경에 '나는 거룩한 공회를 믿는다'는 말이 들어 있다는 것을 알게 되었다. 이것은 성경이 얼마나 교회의 공동체성을 강조하는지를 마침내 보게 되기까지, 그리고 교회는 그리스도의 몸이며 포도나무와 가지이자 성령의 교제라는 것과, 교회에 대한 이러한 묘사는 단순히 문자적인 직유나 비유가 아니라 그 백성을 향한 하나님의 계획을 있는 그대로 나타낸 것임을 마침내 알게 되기까지 내가 걷게 될 긴 여정의 출발점이었다.

성사, 즉 세례와 성찬은 단순히 그림책에 있는 그림처럼 가르치기 위한 도구가 아니며, 하나님은 그러한 의식을 통해 특별한 방식으로 일하신다는 것, 성사는 단순히 가르치고 읽는 것과는 다른 가치를 지니고 있다는 개념도 나에게는 충격이었다. 이것 역시 로마 가톨릭에서만 믿고 있는 것이라고 생각했기 때문이다!

그 동안 내가 장로교회에서 받은 영향은 '쯔빙글리 파'의 생각과 '칼뱅주의'의 교리에서 온 것임을 나는 알게 되었다. 그래서 창시자인 위대한 장 칼뱅은 무슨 말을 했는지 보기 위해 칼뱅의 《기독교 강요》를 공부하기로 했다. 그런데 칼뱅주의 계통이라고 생각했던 이 학교는 칼뱅의 《기독교 강요》를 필수 과목으로 가르치는 것이 아니라, 소수의 학생만이 수강하는 선택 과목으로 배정해 놓았다. 이 사실은 나에게 또 하나의 충격이 되었다.

이 과목을 수강하고 난 후, 나는 한 가지 놀라운 사실을 발견했다. 그것은 '가톨릭적인 생각을 가지고 있는' 성공회 신부가 견진성사 수업에서 가르치는 것과 같은 이야기를 칼뱅이 하고 있다는 사실이었다. 나는 교수님께 "제가 바로 이해한 건가요? 칼뱅이 말하는 것이 이 뜻이 맞습니까?"라고 묻지 않을 수 없었다. 그런데 교수님은 너무나 '가톨릭'적으로 보이는 이 교리가 바로 장 칼뱅이 가르친 것이라고 확신있게 대답했다. 칼뱅도 성사의 중요성과 교회의 신성함과 그리스도인이 사는 삶의 공동체성을 가르쳤으며, 성찬을 할 때 그리스도의 살과 피가 실재성을 가진다고 가르쳤다는 것이었다. 나는 또 물었다.

"칼뱅주의자가 되려면 이런 걸 다 믿어야 한다는 말입니까?"

"그렇다고 생각하네."

나는 교수님의 이 대답을 '그 자신은 스스로 칼뱅주의자가 아니라고 생각하고 있으며 장로교인이라고 해서 반드시 칼뱅주의자가 되어야 하는 것은 아니다'라는 뜻으로 받아들였다.

나는 칼뱅의 《기독교 강요》를 공부하기로 했다. ─프린스턴 신학교 재학 시절. 1940년.

이로써 내가 성공회 교인이 되는 것을 막고 있던 마지막 지적 장애물이 없어졌다. 내 아버지의 신학이 어떤 것이었는지는 모른다. 그러나 아버지와 내가 존경했던 다른 장로교 선교사들은 모두 스스로 칼뱅주의자라고 여길 것이며, 내가 살면서 처음 듣는 이 교리에 동의하리라는 확신이 들었다. 나는 "사람이 하나님의 뜻을 행하려 하면 이 교훈이 하나님께로서 왔는지 내가 스스로 말함인지 알리라"는 요한복음 7장 17절의 가르침을 따르고 있었다. 나는 그 동안 읽어 왔던 성경과 성령의 내적 인도를 통해 지금까지 내가 알고 있던 개인주의적이고 이상주의적인('유물론자'나 '현실주의자'나 '성사주의자'와 대조되는 의미에서) 종류의 기독교는 문제가 있으며, 사실은 전혀 성경적이지 않다는 것을 확신할 수 있었다.

이 일과 관련하여 나는 프린스턴에서 그리 멀지 않은 뉴욕에서 또 한 가지 경험을 했다. 뉴욕에 가는 것은 아주 쉬운 일이었다. 나는 히치 하이킹을 하던 때부터 내가 좋아하던 그 도시를 여러 번 방문한 경험이 있었다. 그 당시에 나는 하나님이 나를 중앙아시아의 유목민에게 복음을 전하는 일로 부르신다고 생각하고 있었다. 그 때는 장로교가 중앙아시아에서 선교 사역을 시작하기 전이었다. 우리 가족이 허드슨 테일러와 그 가족, 그리고 중국 내지 선교회와 가까이 지내는 동안 나는 그들로부터 깊은 영향을 받았고, 이른바 '믿음'으로 선교 재정을 마련하는 방법이 모금 운동을 통해 선교 재정을 마련해서 선교사들에게 일정한 월급을 보장하는 일반적인 교단의 체제만큼이나 유용하다고 생각했다. 나는 중국 내지 선교회에 있는 친구들을 존경했다. 그들은 모금 운동을 하는 대신 하나님이 주시는 것에 의존해서 살았다. 그들의 생활 수준은 교단 파송 선교사들보다 훨씬 낮은 경우가 많았다. 나는 우리 가족이 중국 선교사로 일할 때 비교적 높은 생활 수준을 누렸다는 데 죄책감을 느꼈다.

장로교 교단의 후원을 받아 중앙아시아에 선교사로 나가는 유일한 방법은, 보장된 월급 없이 '믿음'으로 가겠다고 하는 길밖에 없다는 생각이 들었다. 그래서 이러한 가능성을 타진하기 위해 뉴욕시 5번가 156번지에 있는 해외 선교 위원회에 가 보기로 했다. 나는 지도급 인사들을 개인적으로 알고 있었는데, 그분들은 우리가 중국에 살 때 우리 집안과 서로 왕래했고 아버지와도 절친한 사이였다. 그러나 그분들은 '믿음 선교'(faith missions)라는 표현을 별로 좋아하지 않았다. 이 말이 마치 월급을 받는 선교사는 믿음이 없다는 인상을 주었기 때문이다. 이 사실을 알고 있었던 나는 '예산 외 선교사'(extra-budgetary missionary)라는 표현을 써서 나의 계획을 제시했다.

나는 이 일을 통해 처음으로 개척자의 정신과 제도권의 정신이 가지는 차이점을 직접 체험했다. 뉴욕의 해외 선교 위원회 사무실에서 아버지의 친구분과 이야기하면서, 나는 그분이 나의 독창적인 해결책(적어도 나는 그렇게 생각했다)을 받아들이는 대신, 교단에 이미 존재하는 체제 속에서 함께 일하는 방향으로 나를 열심히 설득하고 있다는 것을 깨달았다. 그분은 나의 생각에 대해서는 논의하려 하지 않았다. 기존 체제 아래서 선교사로 파송된다면 개척할 수 있는 자유가 전혀 없어질 것이며 나와 교단 사이에 곧 문제가 생기겠다는 생각이 들기 시작했다. 교단의 생각과 나의 생각이 너무도 달랐기 때문에 얼마 되지 않아 한 번 부딪치고는 결국 쫓겨날 것 같았던 것이다.

위원회 사무실을 떠나면서 성공회 본부가 거기서 멀지 않은 4번가 281번지에 있다는 것이 생각났다. 기왕 근처에 왔으니 한번 들러나 보자고 생각했다. 거기에는 내가 아는 사람이 한 명도 없었고 물론 그들도 나를 몰랐다. 그러나 나는 해외 선교부 사무실에 들어가 장로교 해외 선교 위원회에 제시했던 것과 똑같은 생각을 이야기했다. 나는 이 사람들이 '믿음 선교'라는 말에 어떻게 반응하는지 보기 위해 '예산 외'라는 말을 하기 전에 그 말을 먼저 써 보기로 했다. 그 때까지만 해도 나는 많은 중국 내지 선교회 선교사들이 성공회 교인이었다는 사실을 모르고 있었다. 그런데 그들의 반응은 흥미로운 것이었다.

"우리는 믿음 선교를 통해 많은 것을 배울 수 있지요."

'아까와는 전혀 다른 반응이군!'

나는 생각했다. 편안하고 화기애애한 분위기 속에서 몇 분 간 이야기한 끝에, 해외 선교부를 담당하고 있는 사람이 나에게 대주교인 터커 박사를 아느냐고 물었다.

"그분은 일본에서 선교사로 일하신 분이지요."

그는 이렇게 말하면서 미국 프로테스탄트 성공회의 대주교인 헨리 세인트 존 터커에게 나를 인사시켜 주었다. 터커 주교는 다른 사람들과 마찬가지로 친절하고 격의가 없었다. 그리고 그들과 똑같은 말을 했다.

"아시다시피 우리는 믿음 선교를 통해 배울 것이 많습니다."

그리고 나서 지금도 라이베리아에서 해외 선교부와 독립적으로 일하는 선교사들이 있으며, 라이베리아의 현 주교는 예전에 독립 선교사였고, 해외 선교 사업부를 통해 성공회에서 공식 파송을 받은 선교사들은 그 주교의 관할 아래 있다고 말했다.

"그런데 그 주교는 성가 수사회(Order of the Holy Cross)의 수사이기 때문에 수사회장의 관할 아래 있답니다. 그 수사회장은 주교가 아니라 그냥 신부지요!"

그가 싱글거리며 말했다.

'이 사람들은 융통성이 있군! 이런 체제 안에서라면 살아남을 수 있을 것 같아!'

나는 속으로 생각했다.

신학적 가르침이나 조직적 융통성이라는 면에서 성공회에 좋은 인상을 받긴 했지만, 그렇다고 해도 장로교를 떠나는 것은 또 다른 문제였다. 하나님의 허락 없이는 이 결정을 내릴 수 없었다. 그러나 이번에는 하나님이 그쪽으로 분명하게 발을 내딛도록 인도해 주신다는 생각이 들지 않았다. 성공회 교회에서 견진성사를 받는 것까지는 하나님이 인도해 주셨지만, 그렇다고 해서 내가 성공회 교인이 된다는 것은 아니었으며 어떤 종류의 것이든 내가 받을 수 있는 은혜를 위해 주교에게 안수를 받은 것에 불과했다. 나는 이미 성령의 세례를 받았다고 믿었기 때문에 주교의 안수가 내게 무엇을 더해 주리라고는 생각하지 않았다. 다만 적어도 내가 주일학교에서 가르치는 아이들의 부모인 성공회 교인들과의 교제에 장애물은 없애 주리라는 생각에 견진성사를 받은 것뿐이었다.

그 당시 내가 속해 있던 교회는 부모님의 교회인 필라델피아 제2장로 교회였다. 알렉산더 머콜 박사가 담임 목사였는데, 아주 좋은 분이었다. 그는 성공회 교회에서 견진성사를 받기로 한 나의 결정을 듣고 몇몇 신학생들이 흥분했을 때, 나를 옹호해 주신 분이기도 했다. 그는 유기적 연합을 이루기 위해 노력하는 두 교회를 내가 앞서 간 것이라고 말했으며, 성공회 지도자들처럼 개척자 정신을 존중했고, 나에게 장로교에 대한 소망을 주었다. 내가 결국 장로교를 떠나 성공회로 옮기기는 했지만, 장로교에 남아 있던 나의 동료들은 예산 외 기관 체제를 장로교에 도입함으로써 내가 계획했던 바로 그 방식으로 일할 수 있게 만들었다. 머콜 박사가 인정한 개척자 정신은 장로교 안에 많은 반향을 일으켜, 오늘날 장로교는 좀더 융통성 있게 운영되고 있다. 교회의 머리이신 예수 그리스도께 감사와 찬양을 드린다.

내가 파이퍼나 로마드카, 머콜, 멕케이, 코브(트리너티 교회의 성공회 신부) 같은 분들로부터 프린스턴에서 배우기 시작한 원리들, 그리고 간혹 가다 프린스턴에 방문해서 강의했던 마리튼과 아인슈타인 같은 분들로부터 배운 원리들을 사람의 권위 때문에 받아들인 것은 아니었다. 시간이 지나면서 교회와 그 전통의 실재를 깊이 존경하게 되었지만, 진리를 찾는 나의 기본적인 탐구는 항상 성경에 뿌리내리고 있었다. 만약 교회가 이처럼 나뉘어 있지 않다면 아마 교회의 가르침과 성경의 가르침을 동등하게 받아들일 수 있을 것이라고 생각한다. 그러나 교회가 너무도 심하게 갈라져 있어서 어떤 교파인가를 묻지 않고서는 교회의 '가르침'이나 '전통'에 대해서 이야기할 수 없는 것이 현실이다.

반면에 나는 오래 살면 살수록 교회가 그리스도의 몸으로서 '지체는 많지만 몸은 하나'라는 성경의 중요한 가르침을 더 깊이 깨닫게 된다. 갈라디아서 5장에서 바울이 '육신의 일'이라고 열거하고 있는 바 '개인주의'라는 죄는 지난 여러 세대 동안 그래 왔던 것처럼 오늘날도 교회를 부패시키고 있다. 교회는 시기와 당 짓는 것과 분리함 등이 별로 중요한 문제가 아니라고 생각할지 모르지만, 성경은 "이런 일을 하는 자들은 하나님의 나라를 유업으로 받지 못할 것이요"(갈 5:21하)라고 말씀하고 있다.

적극적인 면에서 본다면, 십자가를 앞에 두고 당신의 제자들(앞서 간 사람들 덕분에 믿게 된 우리들을 포함해서)이 하나가 됨으로써 '세상이 믿게 되기를' 기도하셨던 우리 주님의 기도인 요한복음 17장 21절 말씀의 중요성을 점점 더 깨닫게 된다. 나는 믿지 않는 이들이 다음과 같이 말할 때 아직도 깊은 부끄러움을 느낀다.

"하지만 어떤 교회에 다녀야 할지 어떻게 알 수 있지요? 모든 교회가 자기만 맞고 다른 교회는 다 틀렸다고 말하니 말입니다!"

우리의 분열을 가볍게 여기는 이러한 개인주의의 영은 세상을 그리스도께로 이끄는 데 가장 큰 걸림돌이다. 그것은 '교회는 단지 진리를 찾는 비슷한 사람들끼리의 모임이 아니라 그리스도의 몸'이라는 사실을 프린스턴에서 깨닫기 전까지 내가 가지고 있었던 생각이기도 했다. 진리이신 하나님은 우리에게 서로 사랑하며 남을 위해 우리의 생명을 줄 준비를 하라고 명하신다.

하나님은 신학교 첫해에 내 안에서 시작하신 일을 지금까지 계속 이루고 계신다. 나는 이 방면에서 계속 새로운 발견을 해나가고 있다. 성령님의 가장 중요한 사역은 은사나 열매가 아니라 '코이노니아-하나됨'(고후 13:13)이라는 것은 그 발견 가운데 하나이다.

교훈

신학교 첫해의 봄 학기가 지날 무렵, 나는 여름에 무엇을 해야 할지를 놓고 고민했다. 다음 해에 공부할 수 있는 돈을 벌어야 했는데 그 때까지 일자리를 얻지 못했던 것이다. 하나님이 해결해 주시리라고 믿기는 했지만 학기말이 다가오자 조바심을 내지 않고 기다리기가 무척 힘들었다. 마침내 편지 한 통을 받기는 했지만, 그것은 내게 전혀 해결책처럼 보이지 않았다. 그 편지는 샬롯 시를 중심으로 노스캐롤라이나 지역을 포괄할 정도로 규모가 큰 장로교의 메클렌버그 노회에서 온 것이었다. 이 곳은 데이비슨 대학에서 20마일 정도밖에 떨어져 있지 않았고 내가 잘 아는 지역이었지만, 다시는 돌아가지 않기로 했던 지역이기도 했다!

나는 남부보다는 북부 지역을 선호했다. 하지만 이 외에도 그 일이 내 마음에 맞지 않았던 또 다른 이유가 있었다. 내게 주어진 자리는 그 지역 전 장로 교회의 여름 청년 지도자(Summer Youth Director)였는데, 운동도 잘 못하고 미국에서 평범한 고등학교 시절을 보내지도 못한 내가 그런 자리를 잘 감당할 가능성은 전혀 없어 보였다. 청년 지도자가 신학을 알 필요는 없었다. 오히려 청년 지도자는 '젊은이들과 잘 어울리는' 사람이어야 하는데, 그것이야말로 내가 가장 자신없는 부분이었다!

나는 기도하면서 이 일보다 좀더 적합한 일을 구했지만, 메클렌버그 노회는 나 이외의 다른 사람을 구할 수 없었고 나 역시 다른 일자리를 구하지 못했기 때문에, 나와는 가장 상관없어 보이는 이 일에 하나님이 나를 부르신다는 확신을 가질 수밖에 없었다. 나는 하나님을 전적으로 의지하는 마음으로 갔다. 하나님이 성령을 통해서 나를 사용하시지 않으면 이 일은 비참한 실패로 끝나고 말리라는 생각을 여름 내내 떨쳐버릴 수 없었다.

이 여름방학 프로그램은 데이비슨 대학에서 열린 장로교 청소년 수양회로 시작되었다. 수양회 지도자들과 참가자들 가운데에는 아는 사람이 한 명도 없었지만, 바로 1년 전에 이 곳을 졸업한 덕분에 적어도 그 대학 주변 환경은 익숙했다. 내가 여름 수양회 청년 담당 지도자로 소개되기는 했으나 대부분의 책임을 아주 유능한 젊은 목사가 맡아 준 덕분에 수양회 기간 동안 실수 없이 살아남을 수 있었다.

수양회에 참석한 사람 중에 제인 그레이(Jane Grey)라는 여학생이 있었는데 그다지 눈에 띄는 여자는 아니었다. 내가 수양회에서 소개될 때 제인이 내 옆에 앉아 있었다는 사실을 안 것은 수년이 지난 후였다. 그 당시 제인은 나에 대해 두 가지를 느꼈다고 한다. 하나는 성경공부 시간에 내가 혼자서 거의 모든 대답을 했다는 것이고, 또 하나는 면도를 좀 해야겠다는 것이었다.

데이비슨 수양회가 끝난 지 일주일이 지난 후, 나는 샬롯의 웨스트민스터 장로 교회에서 열린 청소년 모임에 초대를 받았다. 우연히도 그 교회는 내가 살고 있는 곳에서 걸어가도 될 정도로 가까운 곳에 있었다. 거기서 나는 눈이 확 뜨일 정도로 아름다운 여자를 한 사람 보았다. 나를 놀래킨 그 여자는 유행이 지난 넓은 치마를 입고 있었고, 남학생들에게 둘러싸여 있었다. 그 날 저녁 내내 그녀 가까이 갈 기회를 얻지는 못했지만 이름은 물어 볼 수 있었다. 그녀의 이름은 '제인 그레이'였다.

그 날 저녁 행사가 끝나고 난 후, 웨스트민스터 교회의 기독교 교육부장이 다음 날 아침에 이 곳을 청소하러 올 학생들은 자원해서 오라고 말했다. 그런 재미없는 일을 하러 다시 이 곳에 올 학생은 많지 않을 것이라고 나는 생각했다. 교육부장인 맷슨 양이 혼자서 일하는 모습이 눈에 선했다. 그래서 내가 도와 주기로 했다. 다음 날 아침 교회로 들어가다 보니 밖에 자전거 하나가 세워져 있었다. '한 사람만 도우러 왔나 보지?'라고 생각하며 교회 안으로 들어가 보니, 정말 한 사람만 와 있었다. 그 한 사람은 바로 교회에서 가장 멀리 사는 제인 그레이였다. 나는 아주 깊은 인상을 받았고, 그 해

거기서 나는 눈이 확 뜨일 정도로 아름다운 여자를 한 사
람 보았다.
-퀸즈 대학에 다니던 시절의 제인 그레이. 1942년.

여름 길에서 우연히 다시 만났을 때 그녀에게서 눈을 떼지 못했다.

마침내 우리는 좋은 친구가 되었다. 그러나 우리의 좋은 관계가 거의 깨질 뻔한 일이 생겼다. 누군가 우리가 약혼했다는 소문을 퍼뜨린 것이다. 나를 전혀 만나 주지 않던 그레이 양은 내가 그녀를 '남자 친구'처럼 여기겠다는 약속을 하고 나서야 마음을 돌렸다. 그때부터 그녀는 나를 편하게 대해 주었고, 우리는 그 뒤로 몇 년 동안 계속해서 연락을 주고 받았다.

그 일을 하면서 교구 안의 많은 교회를 방문한 것과 더불어 가장 즐거웠던 일 중 하나는 여름 캠프에서 상담자로 봉사했던 것이었다. 나는 오랫동안 여름 캠프를 했기 때문에 그러한 분위기가 고향처럼 느껴졌고 아주 즐거웠다. 상담자와 캠프에 참석한 사람들 중에는 매력적이고 진지한 젊은 여성들이 많았고, 그 해 여름에 사귀게 된 친구들과의 우정은 남녀를 불문하고 내가 장로 교회를 떠난 오늘날까지 계속되고 있다.

그 당시에 다녔던 교회 중에 아주 깊은 인상을 받았던 교회가 하나 있었다. 그 때 나는 처음으로 한때 농장 지대였던 '최남부 지방'의 목화 재배 지역에서 가난에 찌든 시골 생활을 목격했다(이 때는 목화 따는 기계가 발명되기 전이었다). 그 지역의 경력은 나머지 미국 국민들에게 망신거리로 여겨지고 있었다. 나는 그 때 이후에도 노스캐롤라이나를 여러 번 방문했는데, 오늘날에는 목화밭을 거의 찾아볼 수 없다. 그 당시에 나는 '소작'이 얼마나 비성경적인 것인지 몰랐지만, 그것이 크게 비판받고 있다는 사실은 알고 있었다. 미국에 아직도 그 문제가 해결되지 않은 곳이 많다는 것은 불행한 일이다.

그 당시에는 한 사람의 지주가 몇 명의 소작인이나 차지인(借地人)에게 재배할 땅을 나누어 주는 제도가 성행했다. 그들은 땅을 빌린 대가로 수확의 반을 지주에게 바쳤다(이 제도는 두 가지 면에서 비성경적이다. 성경에서 그나마 인정하는 유일한 임대료는 50퍼센트가 아니라 20퍼센트이며[창 47:24-26], 지주가 땅을 소유할 수 있는 최장 기간은 50년이다. 이것은 땅은 지주의 것이 아니라 하나님의 것이라는 인식에 근거한 제도이다[레 25장]). 이러한 비성경적인 제도는 지주들이 넓은 땅을 소유할 수 있게 하는 반면, 소작인은 극심한 가난에 시달리게 했다. 농사는 힘들고 덥고 지치는 일이었을 뿐만 아니라 소작인들과 그 가족들은 절반이라는 부당한 소작료를 바치느라 늘 가난에 허덕여야 했다. 그들은 영양 실조에 걸려 있었고, 건강이 좋지 않았다. 나는 그 사람들의 가난과, 한 번도 쉬지 않고 목화 재배를 계속한 끝에 붉게 변한 흙을 보고 충격을 받았다.

그 교회의 목사님 한 분으로부터 그 교회에서 열리는 일종의 부흥 집회에서 이야기를 해 달라는 초청을 받았다. 그 자신도 별로 많은 월급을 받지 못했던 목사님은 내가 식사 초대를 받는 부유한 가정들에 같이 가고 싶어했다. 사실 나도 심방하는 목회자에게 닭고기를 대접하는 관습을 누릴 수 있겠다고 기대했다. 그러나 재미있게도 내가 방문한 가정의 집주인들마다 "닭고기에 질리셨을 것 같아서, 좀 다른 것을 준비했습니다. 오늘 식사는 구운 쇠고기입니다"

라고 말했다. 물론 나는 아주 예의바르게 행동했고, 내가 얼마나 닭을 먹고 싶어하는지 내색하지 않았다!

　드디어 한 집에서 닭고기를 내왔을 때 나는 정말 기뻤다. 그 곳은 몹시 가난한 소작인의 집이었는데, 목회자를 대접하는 것을 연중 행사로 삼고 있었다. 그 닭은 아주 볼품 없는 것이었지만 그분들이 마련할 수 있는 최선의 것이었다는 사실에 나는 감사했다. 나는 그분들이 우리를 초대할 생각을 했다는 사실을 영광으로 받아들였다. 그러나 그 목사님은 심기가 매우 불편해 보였다. 그는 우리가 식사 기도를 너무 길게 하면 파리들이 음식을 다 먹어 버릴 거라고 말했다. 나는 그 가정이 방충망을 달 돈도 없을 만큼 가난하다는 사실을 그렇게 농담 삼아 이야기하는 것을 듣고 놀랐다.

　목사님은 식사가 끝나자마자 빨리 일어서려고 했지만, 그 집 아이들에게 부스럼이 난 것을 본 나는 그 아버지에게 약이 있는지 물어 보았다. 그는 짧게 "없습니다"라고 대답했고, 나는 그에게 약을 살 만한 돈이 없다는 것을 알아차렸다. 기회가 생기자마자 나는 약국에서 약을 사서 그 집에 가져다 주었다. 나는 그 목사님의 무관심에 의아해하지 않을 수 없었다. 월급과 교회 운영비를 대 주는 부자들의 분노를 무릅쓰면서까지 그렇게 많은 사람들을 잔인하고 희망 없는 가난에 버려 두는 체제에 의문을 던지는 목회자는 불행히도 그 당시에는 없었다.

　여름이 지난 후에도 나는 샬롯에 머물렀다. 그런데 그렇게 몇 달이 지난 후, 잊지 못할 교훈을 하나 얻게 되었다. 여름이 끝날 무렵이었다. 나는 모든 일이 잘 되었다는 생각을 하고 있었다. 내가 나를 사용해 달라고 하나님께 절박하게 기도했다는 사실을 알고는 있었지만, 그래도 한편으로는 내가 좀 '성공' 했다고 생각했다. 샬롯에 있는 한 작은 교회에서 청년들을 맡아 달라고 부탁해 온 것은 다소 놀라운 일이었다. 그 교회의 한 장로님이 나에게 한 말은 그분의 관점에서는 전혀 잘못이 없는 말이었지만 나에게는 사탄의 말이었다. 그 장로님은 그 교회 목사님이 사퇴하시고 다른 교회로 가셨다고 했다. 그러나 목사님이 안 계시는 동안에라도 청년 교육은 계속해야겠다는 생각에, 시너드(synod, 장로교의 노회와 전국 총회 사이에 있는 중간 조직-역주)의 기독교 교육부장에게 자신들을 도와 줄 만한 사람을 아느냐고 물었다는 것이었다. 그런데 그 다음에 나온 말이 나에게는 함정이었다.

"노스캐롤라이나 주에서 가장 뛰어난 청년 사역자가 바로 여기 샬롯에 있는데, 지금 바쁘지 않다고 말해 주더군요."

그 때 내가 그분들의 기도 응답이라고 믿고는 얼마나 자랑스러워했는지 모른다! '99개의 교회가 모인 전체 노회의 청년들 일도 성공적으로 감당했는데, 이렇게 작은 교회 하나쯤이야 한 손으로도 충분하지!' 라는 것이 내 생각이었다.

그러나 결과부터 말하자면 나는 처참하게 실패했다. 이번에는 하나님이 나를 혼자 내버려 두셨고, 나는 성공적으로 일하기는커녕 완전히 엉망을 만들어 버렸다. 그 교회가 마침내 목사님을 구하고 나를 보내 주었을 때 그분들을 실망시켰다는 생각에 부끄러움을 감출 수가 없었다. 내가 여름 청년 지도자로 성공할 수 있었던 것은, 수양회가 열렸던 그 3개월 동안 성령님 안에 거하면서 성령님이 나를 사용하시도록 의지하며 항상 진지하게 기도했기 때문이라는 것을 하나님은 이렇게 보여 주셨다. 이 일을 맡으면서 두려워해야 했음에도 불구하고 나는 그렇지 못했다. 나는 교만했고 자신감에 차 있었으며, 그러한 나를 성령님은 사용하실 수 없었다.

이 일을 통해 나 혼자서는 가장 쉬운 일도 해낼 수 없지만, 성령님이 함께하시면 하나님이 어떤 일을 맡기셔도 크게 어렵지 않다는 것을 깨달았다. 일이 잘되고 안되고는 나의 능력에 달린 것이 아니라 성령님의 임재 여부에 달려 있는 것이다.

그 후로 나는 이 교훈을 잊은 적이 거의 없다. 내 앞에 놓인 일이 쉬워 보이든 어려워 보이든 하나님을 계속해서 의지할 때에만 하나님이 원하시는 결과를 얻을 수 있다는 것을 나는 알았다. 그리고 하나님이 원하시는 결과와 내가 원하는 결과가 반드시 일치하는 것은 아니라는 것을 배웠다. 나는 종종 내가 원하는 일에 대하여 '죽고' 하나님이 원하시는 바를 이루도록 해야 했다.

흥미로운 후일담을 덧붙인다면, 이러한 일이 있은지 40년 후에 샬롯을 방문한 내게 한 늙은 부인이 다가와서 이렇게 말했다.

"나는 그 때 당신이 인도하던 그 교회 학생회에 다녔는데, 하나님이 당신을 사용하셔서 제 인생에 의미 있는 일을 하셨어요."

하나님, 감사합니다.

두 세계 사이에서

신학교에서 첫해를 보낸 나는 여름에 일자리를 찾았다. 가을에는 신학교로 돌아가지 않고 일거리를 찾아서 2년 정도 실제적인 경험을 해야겠다고 생각했기 때문이었다. 앞에서 말했듯이 심리학에서는 육체노동을 통해 정신적인 문제를 해결하는 것을 '일을 통한 치료'라고 부른다. 11년 동안 계속해서 기숙학교 생활을 해 온 나로서는 단지 여름방학에만 육체 노동을 하는 것은 부족하다는 생각이 들었다.

여름 내내 이 문제를 가지고 기도했지만, 이러한 결정을 바꿀 만한 일은 일어나지 않았다. 그러나 이런 결정은 누구나 하는 것도 아닐 뿐더러 가족이나 친구들은 내가 신학교로 돌아가기를 바랄 것이라는 생각이 들었다. 이 말없는 기대는 무거운 짐이었다. 이것이 하나님이 주시는 부담 같지는 않았지만, 최종적인 결정을 내리기가 어려웠다.

우리 가족의 가까운 친구 한 분이 내 이야기를 듣고는 학비가 모자라서 그러는 것으로 여겼다. 이러한 생각은 내 감정을 상하게 했다. 이분은 내가 바로 신학교로 돌아가기만 하면 졸업할 때까지 필요한 모든 경비를 대 주는 전액 장학금을 받을 수 있도록 주선해 주었지만, 나는 돈으로 나를 매수해 하나님의 뜻과는 다르게 행동하도록 유혹한다는 생각에 화가 났다. 신학교로 돌아가는 것이 하나님의 뜻이라고 생각했다면 하나님이 학비를 마련해 주실 것을 믿고 신학교로 돌아갔을 것이다. 무료로 교육을 받을 수 있는 기회를 뿌리친다고 생각하니 결정을 내리기가 더 힘들었다. 그러나 결국 나는 내 생각대로 하기로 마음을 굳혔고 내 결정은 더 분명해졌다.

청년 사역자로 여름을 보낸 노스캐롤라이나의 샬롯에 계속 머물기로 결정하고 나니, 그 다음에는 살 장소와 생계를 이어갈 일거리를 찾아야 했다. 댄과 알이라는 두 명의 옛 대학 친구가 나와 같은 처지에 있었다. 우리는 그 도시의 빈민가에서 작은 창고를 하나 발견했다. 주인이 이사를 가면서 그 달 말까지 공짜로 빌려 써도 된다고 했고, 그 이후로는 싼값에 세를 주겠다고 했다. 그 창고는 너무도 더럽고 이가 들끓어서 정원에서 쓰는 호스로 씻어 내려야 할 정도였다. 그 곳에서 우리는 3개월을 보냈고, 너무 오래 되어 집주인도 가져가지 않은 사탕과, 우리 가운데 누구든 나가서 하루 잡일을 해서 구해 오는 것을 먹었다.

우리는 항상 곰팡내 나는 빵과 가장 싼 캔 음식을 먹으면서 가난하게 사는 법을 배웠다. 내가 방문했던 몇몇 교회들은 돈 대신에 바구니에 야채와 음식을 담아 주었는데, 그것은 우리에게 큰 도움이 되었다. 그 때는 1930년의 대공황 말기라 아직 일자리가 드문 때였다. 과거에도 우리 가족이 갑작스럽게 재정 공급을 위해 하나님을 의지해야 했던 때가 종종 있긴 했지만, 내가 직접 가난을 체험한 것은 이번이 처음이었다. 우리는 하나님이 실제로 공급하신다는 것을 배웠다. 하나님은 우리가 배를 곯도록 내버려 두지 않으셨다.

이 때 만난 이들 중에는 재미있는 사람들이 많았다. 우리에게는 좋은 옷이 한 벌밖에 없었기 때문에 저녁 식사에 초대를 받을 때에는 서로 돌아가며 가야 했다. 우리가 만난 이들 가운데 어떤 화가 부부는 우리와 거의 비슷한 생활을 하고 있었다. 그들은 닭장을 개조한 집에서 살고 있었는데, 그 집 바로 옆에는 개조한 차고가 있었다. 우리 세 명은 창고에서 그 차고로 이사를 했다. 그 차고는 우리가 살던 창고보다 훨씬 더 깨끗하고 편안했고, 도시 빈민가에서 벗어나 있었다. 그 코티에르 부부를 통해 우리는 다른 재미있는 사람들도 만날 수 있었다. 웨스트민스터 장로 교회에서 만났던 제인 그레이는 그 당시 퀸즈 대학에서 미술을 전공하고 있었는데, 나는 그녀를 코티에르 부부에게 소개시켜 주었고, 우리에게 서로 공통점이 많다는 것을 발견했다.

창고를 벗어난 것은 일종의 발전이었지만, 여전히 나에게는 일거리가 없었다. 정부 고용 알선 기관에서는 육체 노동이 가난한 백인이나 흑인들에게만 적합하다고 생각해 그 일에는 나를 등록시켜 주지 않았다. 그렇다고 해서 내게 사무직을 찾아 준 것도 아니었다. 내게 남아 있는 돈은 1달러 50센트가 전부였다.

고용 알선 기관에서 나오는데, 길거리에서 점심 값을 구걸하는 이를 만났다. 그가 술이 아니라 정말 먹을 것을 원하는지 확인하는 것이 낫겠다 싶어 그에게 같이 식사를 하자고 했다. 같이 점심을 먹으면서 그가 나에게 어떤 일을 하느냐고 물었고, 나는 '실업자'라고 대답했다. 그러자 그가 말했다.

"그렇다면 내가 이렇게 얻어먹으면 안 되잖아!"

"내가 가지고 있는 동안은 나누어야죠."

그는 내가 어떤 종류의 일을 찾고 있는지 물어 보았다. 나는 신문에서 새 공항이 건축될 예정이라는 기사를 보았는데, 거기서 일자리를 구하려고 한다고 했다. 그러자 그가 그 일을 구하려면 어디로 가야 하는지 가르쳐 주었다. 왜 그 자신은 일자리를 찾지 않느냐고 묻자, 샬롯은 너무 추워서 플로리다로 가는 중이라고만 대답했다.

점심을 먹고 우리는 헤어졌다. 나는 그의 충고에 따라 공항을 담당하고 있는 엔지니어의 사무실을 찾아갔다. 그들은 한 주 간의 노동을 끝내고 막 퇴근하려던 참이었다. 내가 일자리가 있느냐고 묻자 그들은 딱 한 가지만 물었다.

"청사진 읽을 줄 알아요?"

나는 망설임없이 "예!"라고 대답하면서, 속으로 '주님, 제 대답이 거짓말이 되지 않게 해 주세요!' 라고 기도했다. 나는 그 때까지 한 번도 청사진을 가지고 일해 본 적이 없었다. 하지만 청사진을 읽을 줄 안다는 것은 사실이었다. 나중에 나는 청사진을 너무도 잘 읽어서 청사진대로 일하지 않는 토건업자를 당황하게 만들기에 이르렀다. 3개월의 계약 기간이 지났을 때 나의 고용 계약은 갱신되지 않았는데, 그 이유는 내가 '너무 양심적' 이라는 것이었다. 이 일을 통해 나는 성경에서 '세상' 이라고 부르는 것에 대해 중요한 교훈을 얻었다.

공항 건설 작업을 같이 했던 이들 중에 나를 가장 매료시킨 사람들은 철공들이었다. 그들은 큰 격납고의 철 골격을 세우는 일을 했는데, 철 기둥과 대들보를 타고 다니면서 볼트를 조이곤 했다. 그것은 마치 내가 어렸을 때 가지고 놀던 '건축 세트' 같았다. 그것은 볼트로 연결해 다양한 건물을 만들 수 있는 장난감이었지만 이것은 장난감이 아니라 실재였다.

'유에스 엔지니어' 와의 계약 기간이 만료된 후, 나는 그 공장으로 다시 가서 철공 중 한 명에게 견습생을 둘 수 없느냐고 물었다. 그는 건물 꼭대기에 있는 십장에게 가 보라고 했고, 나는 그 위까지 올라가 다시 물었다. 그는 점심 시간이면 주임이 나오니까 그에게 물어 보라고 했다. 그는 분명히 우습다고 생각했을 것이다. 지난 한 달 동안 책상에 앉아서 시간 기록원으로 일하고 야간 교대 근무를 하느라 내 피부는 창백하고 신체는 허약했기 때문이다.

점심 시간에 온 주임을 보면서, 나는 그가 십장과 같은 생각을 하고 있다는 것을 알 수 있었다. 그가 나를 고용하기로 결정했을 때, 사실 내가 하루나 이틀 이상 버티지 못하리라고 생각하고 장난 삼아 고용해 보는 것임을 알아챘다.

그들은 곧바로 볼트를 박아 조이는 작업에 나를 배치했다. 일이 마감될 무렵이 되자 나는 단 하나의 볼트도 더 조일 수 없을 만큼 지쳐 버렸다. 그러나 나는 하나님이 이 일을 하기 원하신다고 생각했다. 다음 날 아침, 하나님의 도움을 의지하면서 다시 일터로 향했다. 그러나 점심 시간이 되자 몹시 지친 나는 이 일을 포기해야 할지, 아니면 기적을 기대해야 할지를 놓고 고민하지 않을 수 없었다. 어떤 종류의 기적이 앞으로 4시간을 더 버틸 수 있는 힘을 내게 줄 수 있을까 생각하며 말없이 점심을 먹었다. 그런데 갑자기 주임이 나타나더니 "이봐, 철이 다 떨어졌으니 내일 다시 오도록 해!"라고 말하는 것이었다. 이것이야말로 나에게 필요한 기적이었다. 하루에 4시간만 근무하게 되다니!

나는 집에 돌아가 쉬고, 다음 날 다시 일하러 갔다. 놀랍게도 그날도 같은 일이 일어났다. 내가 도저히 더 일할 수 없을 만큼 지쳤을 때 철이 다 떨어져서 또 반나절만 근무하고 귀가하게 된 것이다. 다음 날은 토요일이어서 본래 반나절만 근무하는 날이었고, 그 다음 날은 일요일이어서 하루 종일 쉴 수 있었다. 그리고 월요일, 나는 처음으로 8시간 노동을 하고도 살아남을 수 있었다. 하나님께 얼마나 감사했는지!

그렇게 1년 동안 철강 일을 하면서 신체적으로 건강해졌고 자존

감도 생겼다. 더 나아가 그 지역에서 일하는 노동자들의 생각도 배울 수 있었다. 그러나 나를 괴롭히는 문제가 한 가지 있었다. 나보다 기술이 훨씬 좋은 흑인들은 항상 '노동자'로 분류되어 '견습공'인 나보다 적은 임금을 받았다. 기술이 제일 좋은 철공은 '브릿지맨'(bridgemen)이라고 불렸고, 임금을 가장 많이 받았다. 그러나 흑인들은 결코 브릿지맨이 될 수 없었을 뿐 아니라 견습공조차 될 수 없었다. 오늘날 미국에서는 더 이상 그런 차별이 용납되지 않지만, 그 당시에는 흔한 일이었다. 흥미롭게도 북미의 가장 뛰어난 브릿지맨들 중에는 인디언들이 더러 있었다. 건축 철강업은 그들이 차별 없이 일할 수 있는 거의 유일한 직업이었고, 그들은 그 일을 무척 좋아했다!

여러 달 동안 가난을 겪고 난 다음, 나는 전에는 보지도 못했던 돈을 벌기 시작했다. 내 인생에서 처음으로 좋은 옷을 살 수 있었다. 그러나 하나님은 그분이 이 옷을 어떻게 생각하는지 보여 주셨다! 언니를 방문하러 산에 가 있는 그레이 양을 만나러 갈 때, 좋은 옷이 잔뜩 들어 있는 큰 가방을 들고 갔다. 나는 히치 하이킹을 해서 갔는데, 식사를 하기 위해 잠시 멈춘 사이 차 주인이 가방을 트렁크에 실은 채 빈손인 나를 내버려두고 혼자 내빼 버린 것이다. 나는 이 사건이 멋진 옷에 지나치게 관심을 가진 것에 대한 하나님의 꾸짖음이라고 생각했다.

샬롯에서 건축일을 하면서 나는 두 개의 세계 속에서 살았다. 일하는 동안은 노동 계급, '프롤레타리아'에 속해 있었고, 그 외 시간과 주말에는 지성인의 세계, 즉 '지배 계급'의 일원으로서 중산 계급의 교회에 출석했다. 그 즈음 중산층 사람들 사이에서 노동자라는 이유로 무시당했던 경우가 한 번 있었다. 우리는 샬롯에서 조금 떨어진 작은 도시에서 공사를 했는데, 공사가 진행되는 동안 그 도시에서 가장 싼 호텔에 묵었다. 주일이 되었을 때 나는 옷을 잘 차려 입고 교회에 갔고, 따뜻한 환영을 받았다. 그러나 교인들은 내가 묵고 있는 곳과 노동자라는 내 신분을 알게 되면서 나에 대한 모든 관심을 잃어버리고 말았다. "주의 성령이 내게 임하셨으니 이는 가난한 자에게 복음을 전하게 하시려고 내게 기름을 부으시고"(눅 4:18)라고 말씀하신 하나님으로부터 교회가 얼마나 멀리 떨어져 있는지를 나는 직접적으로 깨닫기 시작했다. 내가 알고 있는 교회 중에는 가난한 사람들에게 관심을 보이는 교회가 하나도 없었다. 그들은 다 야고보서 2장이 그리고 있는 교회와 같았다.

이처럼 노동자로서의 경험은 내게 여러 가지 면에서 소중한 것이었다. 1942년 봄, 한 학기 동안 공부하기 위해 신학교로 돌아갔을 때 나는 신체적으로뿐만 아니라 정서적으로도 훨씬 더 좋아졌고, 영적으로도 성숙해 있었다. 전에는 내가 교수님들보다 더 많이 알고 있으며 신학교에서 시간 낭비를 하고 있다고 생각했는데, 이제는 누구한테서든지 배우려는 갈망이 생겼다. 과거의 비판적인 영이 없어진 것이다. 나는 내가 얼마나 아는 것이 없는지 깨닫게 되었다.

나는 함께 일하던 동료 중 단 한 사람도 주님 앞으로 인도하지 못했을 뿐 아니라 주님을 위해서 한 일이 하나도 없었다. 하나님이 나를 굽어 살피시고 나를 인도하시며 나의 모든 필요를 채워 주신다는 것을 이전보다 더 강하게 확신했지만, 주님을 위해서, 그리고 주님의 나라를 위해서 내가 한 일은 아무것도 없었다.

가난하다는 것이 어떤 것인지에 대해, 또 아무리 정직하게 열심히 일해도 사회의 구조악 때문에 가난을 벗어날 수 없는 사람들의 절망에 대해서도 더 날카롭게 인식하게 되었다. 나는 교회가 그리스도를 영화롭게 하고 그의 의와 나라를 구하는 일에서 얼마나 멀리 떨어져 있는지 알았지만, 그 문제를 해결할 방법은 알 수 없었다. 그러나 하나님을 아는 것이 가난을 탈출하는 것과 무관하지 않다는 것과, '옳은 사람'을 알고 그 체제의 일부가 되는 것 또한 가난의 탈출과 무관하지 않다는 것을 알게 되었다.

바다로 가다

    1942년 봄에 한 학기를 공부하기 위해 프린스턴 신학교로 돌아갔지만 하나님께서 육체 노동에 대해 아직도 내게 가르쳐 주실 것이 많다는 것을 알고 있었다. 내가 학교로 돌아간 유일한 이유는 징병 위원회에서 학교로 돌아가지 않으면 군대에 가야 한다고 했기 때문이었다. 신학생들은 군 복무를 면제받았고, 나는 이미 신학교에 등록되어 있었기 때문에 그들은 나를 징병 기피자라고 생각하지 않았다.

    신학교로 돌아갔을 때 나는 학우 한 명이 여름방학 때마다 배를 탔다는 사실을 알게 되었다. 그가 내게 무역선에서 일하는 데 필요한 증명 서류를 받을 수 있도록 주선해 주겠다고 했을 때 나는 무척 기뻤다. 견습공은 병역 의무를 면제받을 수 없었지만, 무역 선원은 가능했던 것이다. 그 친구는 선교에 대한 관심은 없었지만 배 타는 것을 즐겼다. 나는 이번 기회를 통해서 내가 좋아하는 모험— 어려서부터 책에서 읽었고, 중국에서 여름방학 동안 배 타는 것을 배우며 조금 맛보았던 그런 모험—과 노동 계급 선교를 결합시킬 수 있을지도 모른다는 생각을 했다.

선원 자리를 하나 얻기까지는 많은 기적이 필요했다. 그러나 바다를 다니는 커다란 화물 수송선과 내가 옛날에 타 보았던 작은 돛 단배 사이에 엄청난 차이가 있다는 것을 알게 되는 데는 시간이 많이 걸리지 않았다.

샬롯에서 건축 철강 일을 하면서 모았던 돈은 학비를 내고 일자리를 구하느라고 다 써 버렸고, 필요한 것들을 다 지불하고 나자 첫 항해에서 번 돈도 다 없어져 버렸다. 나는 다시 한 번 마지막 몇 센트를 가지고 일자리를 구해야 했다. 이쪽 계통의 산업에서는 노동조합 고용실에서 채용이 이루어졌고, 신청서는 실업기간이 긴 사람 순서대로 처리되었다. 이것은 좋은 제도이기는 했지만, 당시 풋내기에 불과했던 나에게까지 일자리가 돌아온다는 것은 어려운 일이었다. 나는 일자리를 위해 많은 시간을 기도했다.

그러던 중에 같은 선원 한 사람이 취직을 했는데, 그는 A.B. ('Able-bodied seaman'의 약자. 이것은 숙련도에 따른 등급으로서, 많은 고용주들이 이런 선원을 원했다)였다. 나는 그를 축하해 주면서 나도 곧 일자리를 가졌으면 좋겠다고 부러워하며 말했다. 노동자들은 대개 다른 사람의 어려움에 매우 민감하다. 그는 내가 거의 '빈털

터리'라는 사실을 알아채고는 아무 말 없이 자기 호주머니에 손을 넣더니, 안에 있는 돈을 다 털어서 내 손에 쏟아 놓았다. 나는 받지 않으려 했지만, 다음 월급날까지는 현금이 전혀 필요없으니 가지라고 고집했다. 나는 나중에 돈을 갚을 수 있게 이름과 주소를 가르쳐 달라고 했다(우리는 서로 별명을 불렀기 때문에, 진짜 이름을 아는 경우가 드물었다). 그러자 그는 놀라면서 "우리 뱃사람들은 그렇게 하지 않네. 다음에 또 돈이 필요한 사람이 있을 때 그냥 주지"하고 말하더니 서둘러 떠나 버리는 것이었다. 나는 돈을 쥐고 선 채 생각했다.

'이건 내가 그리스도인들 사이에서 경험한 그 어떤 것보다도 성경에서 읽은 코이노니아와 가장 비슷해.'

나중에는 나도 A.B. 등급 시험에 통과했고, 좀더 빨리 일자리를 얻을 수 있게 되었을 뿐만 아니라 돈도 많이 벌게 되었다. 상선을 타는 것은 군함을 타는 것보다 더 위험한 일이었다. 대부분의 군대는 지원 부대로서 실제로 최전선에 나가는 부대는 적은 반면, 상선을 타는 사람들은 실제로 배를 타야만 선원으로 인정받았기 때문이었다. 그 때는 잠수함 전쟁 중이었고 해저 지뢰가 널리 사용되었기 때문에, 무역선원은 항구를 떠나는 것이 곧 전쟁 지역에 들어가는 것과 같았다. 미국은 폭격기의 침략은 받지 않았지만, 육지에서 보이는 거리에서 미국 선박들이 침몰하는 경우가 더러 있었다. 미국이 전쟁에 개입하기 전, 독일 국경 근처 섬들에 있는 잠수함 기지에 군수 물자를 나르는 배를 탔던 많은 선원들이 미국 정부에 이를 알리려고 노력했지만, 정부는 이들의 경고를 듣지 않았다(출 23:8; 신 16:19; 전 7:7).

고용 계약서에 서명을 할 때도 우리는 배의 행선지나 항해 기간을 알 수 없었다. 이것은 전쟁 기밀이 누설되지 않게 하기 위한 조처였다. 우리는 미국의 동해안에서 러시아, 영국, 지중해, 북아프리카, 걸프 해안 항구 등을 다녔다. 그러나 나는 '무르만스크 항로'는 가지 않았다. 군수품을 싣고 러시아로 가는 그 항로는 모두가 두려워하는 길이었다. 이 항로에서 일어나고 있는 잠수함 전쟁의 손해는 막대했고, 배가 침몰당할 경우 얼음같이 차가운 물에서 살아남는 선원은 거의 없었다. 또 만약 살아남더라도 포로가 되어 전쟁이 끝날 때까지 독일 포로 수용소에서 보내야 했다.

한번은 텍사스의 코퍼스크리스티에서 동해안 쪽으로 가는 유조선을 탔다. 미시시피 강의 진흙 덮인 강 어귀는 독일 잠수함들이 물 밑에 조용히 숨어 위로 지나가는 선단(船團)의 소리에 귀 기울일 수 있도록 완벽한 잠복처를 제공했다. 독일 잠수함들은 날이 어두워질 때를 기다렸다가 수면으로 떠올라서, 무장한 경호선에 먼저 들키지 않는 한 배를 한 척 이상 침몰시키곤 했다.

우리 배도 다른 여러 배와 함께 줄지어 서 있었는데, 우리 바로 앞에는 그 선단 중에서도 가장 큰 노르웨이 포경선이 있었다. 이 포경선은 전쟁이 일어나자 유조선으로 투입된 배였다. 자정에 내가 보초를 서고 있을 때, 우리 뒤쪽 바다에서 큰 불길이 붙은 것이 보였다. 나는 교대하러 오는 사람에게 무슨 일인지 물어 보았다.

"노르웨이 포경선이 불타고 있는 거야."

"그 배 옆을 지나올 때 날 부르지 그랬어?"

"이봐, 우린 그 옆을 지나온 것이 아니라 다른 방향으로 가고 있는 거라구!"

날이 밝자 우리는 다시 항로를 바꾸어 엄청난 기름막 사이로 지나갔다. 우리가 알기에 그 배에서 살아남은 사람은 한 명도 없었다. 나중에 나는 고모로부터 바로 그 날 정오에 고모가 나를 위해 특별히 기도하고 있었다는 말을 들었다. 처음에는 "말도 안 돼요. 그날 정오에 우리는 항구에 정박해 있어서 아무런 위험도 없었는데요"라고 말했다. 우리가 예정보다 한 시간 늦게 항해했다는 것을 알게 된 것은 그 이후의 일이었다. 우리는 원래 정오에 출발할 예정이었다. 만약 예정대로 정오에 출발했다면 그 포경선이 있었던 자리에 우리 배가 있었을 것이고 그 배처럼 어뢰에 맞았을 것이다.

중산층 이웃들 틈에 살면서 교회에 다니는 친구들은 물론이고 지식인들과 함께 교제했던 철공으로서의 삶과는 달리, 이제 나는 완전히 노동 계급에 속하게 되었다. 나는 하루 24시간 그들과 함께 있었고, 그런 날이 여러 달 계속되었다. 그나마 교회와 가장 유사한 것이 노동 조합이었다. 우리는 정기적인 회합을 열어 공동 생활의 여러 가지 면과 사용자를 대표하는 관리자들과의 관계에 대해 논의했다.

관리자들과의 협상에서 나는 노동자측 대표로 종종 선출되곤 했다. 양쪽 진영 다 내가 그리스도인이라는 것을 알고 있었으며 내가

선원 생활을 하면서 나는 완전히 노동 계급에 속하게 되었다.-벨기에 안트베르펜에서. 1946년.

진실을 말하는 사람이라고 믿었기 때문에 대체로 의사소통이 잘 되었고, 그 결과 서로간의 관계도 비교적 원만했다. 내가 배를 떠나면 관리자들이 매우 섭섭해할 것이라는 말을 들은 적도 있었다. 그들의 말로는 그 때가 그들이 배를 타던 중 '가장 좋은 때'라는 것이었다. 이것은 노동자와 관리자의 관계에서 상호 불신이 가장 큰 문제라는 사실을 분명히 나타내 주는 말이었다.

이 관계에서 내가 '중립적'이고자 했던 적은 한 번도 없었다. 나는 노동자 편에 있었고 그들의 대표였지만, 늘 진실을 말하고 양쪽 모두에게 공정할 것을 요구했기 때문에 오해는 없었다. 우리가 서로 합의하지 못할 경우에는 좀더 높은 자리에 있는 사람들에게 그 문제를 회부하여 귀항한 후에 문제를 해결했다. 우리는 바다에 있는 동안에는 싸우지 않았다. 때로 선원들은 전쟁시에 의기 투합하는 마음을 증진시키기 위해, 노동 조합 계약에 있는 그들의 권리를 보류하기로 동의하기도 했다. 하나님의 뜻을 행하는 데 관심이 있든지 없든지 간에 모든 사람은 전쟁에서 이기기를 원했고, 이러한 마음은 우리가 어떤 결정을 내릴 수 있는 공동 기반을 마련해 주었다.

바다에 있는 동안 휴일은 없었지만, 야간 보초를 설 때와 주말에는 키를 조종하거나 망을 보는 정도의 비교적 가벼운 일을 했기 때문에 책을 읽거나 공부할 시간이 있었다. 몇몇 선원들은 카드 놀이를 하며 여가 시간을 보냈지만, 또 어떤 이들은 노동 조합이 마련해 준 배 안의 도서관을 이용하거나 자기 책을 가져와 마치 대학에 다니는 것처럼 많은 시간을 공부에 투자했다. 바로 그 기간에 나는 전세계적인 노동 계급 투쟁에 적극적으로 동참할 수 있었을 뿐 아니라 경제학과 정치학을 철저히 공부할 수 있었다.

배가 북아프리카에서 화물을 내리고 싣는 동안 나는 육지에서 아파트를 하나 세 얻어 지냈다. 그렇게 몇 주 기다리는 사이에 시실리 침공이 일어났다. 북아프리카에서는 자유 프랑스군들을 만날 수 있었으며, 다른 항구에서도 소수(특히 흑인과 유대인)의 권리를 위해 파시즘과 나치즘에 대항해 싸우고 있는 사람들을 만날 수 있었다. 나는 이들과 직접적인 연관을 가지고 개인적으로 대화를 나누면서 책에서만 배웠던 것을 보충할 수 있었다. 북아프리카 사람들은 다 불어를 사용했기 때문에, 고등학교와 대학에서 공부했던 불어가 큰 도움이 되었다.

배가 뉴욕 항에 정박해 있을 때는 전국 노동 조합 대회에 참가했다. 그 대회를 통해 나는 책에서만 배웠던 정치와 경제를 실제 경험으로 배울 수 있었다. 시간이 지나면서 사회 정의에 대한 나의 열정은 점점 더 강해졌고, 가난하고 억압받는 자들에 대한 하나님의 관심을 이야기하는 많은 성경구절들의 의미와 더불어 "의에 주리고 목마른 자"(마 5:6)라는 말씀의 의미를 깨달았다. 그러나 노동 조합 운동은 결코 이 문제를 해결할 수 없으며, 정의를 위한 일시적인 투쟁에서 결코 더 나아갈 수 없지 않을까 하는 괴로운 의혹을 떨쳐 버릴 수 없었다.

배에는 그리스도인이 한 명도 없었고, 사회 정의의 열정을 가지고 있는 사람들은 주로 믿지 않는 유대인이나 신앙을 잃은 가톨릭 교도들이었다. 그들은 인본주의를 공통 기반으로 삼고 있었다. 나는 한동안 인본주의가 기독교 신학에 감춰진 진정한 의미가 될 수 있는지 알아 보고자 노력했다. 우리의 모든 말과 의식이 단지 인본주의적 내용을 담는 그릇에 불과한 것인지, 인간의 복지를 이루는 일에 헌신적인 자칭 '무신론자'들이 사실은 하나님의 뜻을 행하고 있는 것은 아닌지, 그리고 그런 사람들이 예수를 '주'로 부르면서도 가난하고 억압받는 사람들에게는 관심이 없는 사람들보다 하나님께 더 가까이 가 있는 것은 아닌지 알아 보고 싶었다.

그러나 시간이 지나면서 나는 인본주의 이론이 적합하지 않다는 것을 깨닫게 되었다. 하나님은 추상적인 존재가 아니며 예수님도 단지 역사적인 인물에 그치는 존재가 아닌 것이다. 나는 교제를 갈망했으며, 성령님의 코이노니아가 단지 서로 가진 것을 나누고 서로를 돌보아 주는 모임을 일컫는 것이 아니라는 것을 깨달았다. 코이노니아는 예수님을 인격적으로 알고 있는 사람들을 하나로 묶는 초자연적인 끈인 것이다.

예수님이 만약 죽음에서 부활하시지 않았다면, 그는 주님도 아니고 진실한 분도 아니다. 따라서 그가 보낸 성령도 진짜가 아니며 인간의 본성이 변할 가능성도 없다. 그렇다면 단순한 인간으로서 우리를 하나로 묶어 줄 수 있는 유일한 끈은 오직 이기심뿐이다. '너'의 이기적인 관심과 '나'의 이기적인 관심이 우연히 일치할 때 '우리'는 같이 일할 수 있고 일종의 '교제'를 누릴 수 있는 것이다. 그러나 그 와중에도 '나'는 결코 다른 사람을 신뢰할 수 없다는 인식을 항상 가지고 있다. '나'를 이용하거나 배신하는 것이 '너'에게 이득이 되는 날이 언젠가 올 것이고, 그 때 '나'는 '너'가 그렇게 나를 이용하거나 배신하지 않으리라고 기대할 수 없다. 그러므로 '나'는 '너'를 의심하면서 살아야 하고, '너'는 '나'를 의심하면서 살아야 한다.

인간은 하나님이 아니다. 인간은 인간을 변화시킬 수 없다. 창조주를 제외하고는 그 누구도 인간을 자기 중심에서 벗어나 신뢰할 만한 존재로 만들 수 없다. 따라서 철학으로서 인본주의는 효용성이 없다. 그것은 인간의 이기적 본성이라는 바위에 좌초한다. 그것이 바로 신학자들이 '원죄'라고 부르는 것이다.

그 후로 시간이 지나면서 나는 이상주의적 인본주의자였던 내 친구들이 하나씩 하나씩 환멸을 느끼고 인권 투쟁에서 멀어짐으로써, 결국 이러한 노력을 잔인하게 이용해 자기 권력을 얻으려는 사람들의 손에 인간의 권리를 넘겨 주는 것을 보았다.

수년 후에 나는 미국의 선지자 헨리 조지를 통해서, 하나님이 우리에게 이기심을 막을 수 있는 실제적이고도 유용한 제도를 모세의 율법에 주셨다는 사실을 발견했다. 그것은 한 나라가 실업이나 인플레이션이 거의 없는 안정적인 경제 체제를 세울 수 있게 해 주는 효과적인 제도이다. 이 제도는 지금까지 시도된 그 어떤 제도보다 탁월한 것으로서 700년 동안 성공적으로 운영되었지만, 역시 인간의 이기심이라는 바위에 좌초하고 말았다! 모세 때부터 오므리 때까지는 제대로 시행되었지만, 국경 너머의 바알 제도를 맛본 사람들의 욕심이 결국 오므리와 그 아들 아합과 며느리 이세벨을 설득해 바알 제도를 세우게 했던 것이다. 이 제도 때문에 오늘날 많은 나라들이 좌절을 겪고 있다. 비록 몇몇 나라와 도시에서 상당한 정도까지 성경의 제도를 실천하고 있기는 하지만, 세계의 대부분은 좌절을 면치 못하고 있다.

예수 그리스도의 주되심을 떠나서는 어떤 임시 변통의 해결책에도 거의 희망을 걸 수 없다. 나는 그리스도인들이 정의를 이루기 위해 최선을 다하지 않으면 세상에서 위선자로 미움을 받을 것이며, 사회에서 억압받는 자들이 곧바로 사탄의 손으로 달려가게 되리라는 사실 또한 깨닫게 되었다.

폭탄과 어뢰의 위험이 계속되었지만, 고모와 다른 분들의 기도를 들으신 하나님이 여러 번 기적적으로 구출해 주셨다. 나는 계속해서 시편 91편 7절을 생각했다. "천인이 네 곁에서, 만인이 네 우편에서 엎드러지나 이 재앙이 네게 가까이 오지 못하리로다."

한번은 소금 한 알이 배에 가득한 폭약을 폭파시킬 뻔한 일이 있었다. 누군가 조심성 없이 돛대의 전기 콘센트 덮개를 벗긴 채 내버려 두었던 것이다. 근처에는 환풍기가 있었는데, 배 밑에 있는 비행기 휘발유가 끊어진 동선에서 뿜어 나오고 있었다. 물론 배 밑이나 갑판 위에서는 담배를 피거나 불꽃을 일으킬 만한 일은 하지 못하게 되어 있었다. 선장은 "불이 나면 배를 버릴 준비를 해. 배 전체가 폭발할 테니 말이야"라고 경고한 바 있었다. 갑자기 화재 경보기가 울리기 시작했고, 그 소리를 듣는 사람은 누구나 그 경보기를 울린 사람이 두려움에 떨고 있다는 것을 알 수 있었다. 나는 배를 포기하고 탈출할 곳으로 달려갔는데, 거기서 일등 항해사가 '1번 소방 대기소로 불을 끄러 갔다'는 사실을 알았다. 1번 소방 대기소는 내가 책임을 맡고 있는 곳이었다. 후들거리는 다리로 그쪽을 향하는데, 그 때 항해사가 외쳤다.

"경보 해제!"

그는 콘센트의 덮개를 덮었다. 콘센트에 바닷물이 튀었다가 마르면서 소금 한 알을 남기는 바람에 누전이 돼 불꽃을 일으킴으로써 일어난 일이었다. 나는 그 때부터, '작은' 죄가 얼마나 큰 재난을 일으키는지에 관해 종종 생각하게 되었다(약 2:10; 3:5).

내가 배를 타는 동안 부모님은 일본이 중국을 침략하기 직전, 중국에 남아 있던 거의 모든 외국인들과 함께 'S. S. 그립스홈'이라는 스웨덴 배를 타고 본국으로 돌아왔다. 아버지는 선교본부로부터 시카고에 있는 사무실로 임무 배치를 받았는데, 그 곳은 내 친할머니와 고모와 그 외 친척분들이 사는 휘튼과 가까운 곳이었다. 이 무렵에 여동생 클레어가 약혼을 했지만, 나는 유럽과 북아프리카를 오가느라고 가족 행사에는 빠질 수밖에 없었다.

나는 바다에서 지내는 것이 참 좋았다. 그래서 그 뒤로도 몇 년간 여름방학 때마다 남미나 5대호로 여행을 갔고, 결혼한 후에는 2년에 한 번씩 배를 탔다.

남부 대학의 조용한 부흥

프린스턴에 입학했을 때부터 나는 선교지로 나가고 싶은 마음에 몹시 들떠 있었다. 신학교에서 이렇게 시간을 보내는 것은 낭비 같았다. 그래서 나는 복음 전도 사역을 제대로 하고 싶어하는 젊은이들의 마음을 이해하고, 그런 사람들에게는 예수전도단이나 O.M.에 가입하라고 권한다. 이 두 선교단체는 세계 선교를 위한 젊은이들의 힘과 열정을 끌어모으는 일을 우선순위로 삼는 곳이다. 이 두 단체 중 한 곳에서 몇 달이나 몇 년 간 유익한 일을 하고 나면 하나님이 자신을 전임 선교사나 목회자로 부르시는지, 혹은 다른 전문영역에서 교회를 섬기도록 부르시는지, 아니면 다른 사업이나 직업으로 부르시는지 알 수 있다. 그 후에 사람들은 학교로 돌아가 인내와 비전을 가지고 자신에게 필요한 훈련을 받을 수 있다.

그러나 내가 젊었을 때는 그러한 기관이 없었다. 오히려 나에게
는 바다에서 보냈던 시간이 그런 선교단체와 비슷한 역할을 해 주
었다. 드디어 신학교로 되돌아갔을 때 나의 태도는 완전히 달라져
있었다. 배울 수 있는 것은 전부 다 배울 준비가 되어 있었던 것이
다.

시간이 지나면서, 하나님이 나를 성공회 교회로 인도하신다는 확
신이 더 강하게 들었다. 나는 마침내 테네시 주 스와니에 있는 남
부 대학에 가기로 했다. 남부 대학의 입학 허가를 받으려면 주교 한
분이 나의 보증인이 되어 주어야 했다. 여러 번의 편지를 주고받고
또 한 번의 항해를 하면서 결과를 기다리다가, 마침내 조지아의 반
웰 주교를 만날 수 있었다. 어머니가 조지아 출신이었기 때문에 나
는 매우 기뻤고, 물론 어머니도 기뻐하셨다. 항해를 하면서 학비를
다 모아 둔 덕에 내가 원하는 학교를 자유롭게 선택하는 데에는 어
려움이 없었다.

나는 라이프 잡지에서 스와니에 대한 기사를 보았는데, 이 작은
학교는 스스로를 '미국의 옥스퍼드'로 여기는 곳으로서, '대도시에
서 멀리 떨어진 산 꼭대기에서 영국 옥스퍼드의 분위기를 지키고
있는 학교'라고 쓰여 있었다. 그 기사는 또한 이 학교의 상급생들
과 모든 대학원생들(신학생들)은 수업 시간에 항상 가운을 입어야 한
다는 사실도 언급했다. '여기는 순 괴짜들만 모인 곳인가 보군. 내
가 가면 아주 잘 적응하겠는걸!'이라고 나는 생각했다. 드디어 시와
니에 도착했을 때 내 생각이 맞았다는 것을 알 수 있었다.

"정말 괴짜들이네. 이제서야 내 자리를 찾았어!"

전시에 행선지나 항해 기간을 모르는 채 배를 타느라, 학기가 시작되고도 6주가 지나서야 학교에 도착할 수 있었다. 나는 다른 교파의 신학교에서 온 학생이었기 때문에, 어떤 과목을 새롭게 수강해야 하는지, 그리고 이전 학교에서 수강한 과목 중 어떤 것들의 학점을 인정해 줄 것인지에 대한 논의가 필요했다. 교수회는 각 교수들이 돌아가며 나를 면담하게 했고, 그 덕분에 그 산에 도착한 지 얼마 되지 않아 교수님 전원을 만날 수 있었다. 나는 부모님께 "7명의 교수님이 있고 그분들은 21개의 직위를 맡고 있습니다"라고 편지에 썼다.

교수님들은 정말 재미있는 분들이었다. 그들은 신학적 견해보다는 학문적 업적에 따라 직위를 맡았다. 그들은 스와니를 사랑한다는 사실을 제외하고는 거의 모든 일에 서로 의견이 달랐다! 나는 이러한 분위기에서 아주 좋은 자극을 받으리라는 것을 알았기 때문에 기뻤다. 학점은 내 관심 밖이었다. 성적표는 아이들을 위한 것이지 대학원생을 위한 것은 아니라고 생각했다. 나는 배우고 싶었기 때문에 공부했고, 교수님들을 만족시키려는 노력은 전혀 하지 않았으며(하지만 그분들을 모두 좋아했다), 성적표가 우편으로 집에 배달되면 뜯어 보지도 않고 쓰레기통에 버렸다. 얼마 후 우리 과에서 내가 제일 성적이 좋다는 소문이 들려왔지만 나는 믿지 않았다. 수 년 후, 신학교 기록이 필요해서 성적 증명서를 떼어 봤을 때에야 비로소 내 성적표에 '학과 1등'이라고 쓰여 있는 것을 알았다.

자유로운 학문적 분위기 덕분에 신학적 관점이 매우 다양한 교수들이 신학교에 재직하게 된 결과, 7명의 서로 다른 '자유주의자'를 학교에 둔 격이 되었다. 교수님들은 아무도 성경의 문자적 해석을 믿지 않았고, 내가 아는 한 모든 교수님이 독일 학파의 '고등비평' 잡지를 주저없이 구독했다. 몇 년 후 그 이론이 어리석은 것이었다는 사실이 개혁 복음주의 신학자 오스왈드 엘리스(Oswald Allis)에 의해 밝혀졌지만, 오늘날에도 성경의 일부 가르침을 부끄럽게 여기는 사람들은 자기 이론이 한 번도 그런 도전을 받아 본 적이 없는 척하고 있다. 그 때부터 지금까지 창조 과학 운동과 유진 폴스틱(Eugene Faulstich)의 성경 연대학 연구가 계속해서 독일 학자들의 어리석음을 드러내 왔는데도, 성경에 나타난 하나님의 명령을 거북하게 생각하는 사람들은 그러한 도전들이 존재하지 않는 것처럼 가장해 왔다.

내가 학교를 다니던 당시는 엘리스의 업적을 발견하기 여러 해 전이었다. 그러나 성령께서는 내게 고등비평은 어리석은 것이라는 확신을 조금씩 심어 주셨고, 성경은 성령께서 직접 우리에게 주신 것임을 확신할 수 있도록 나를 인도하셨다. 성령께서 내게 고린도전서 14장 1절, 3절, 32절 등의 말씀을 따라 사람들에게 전할 말을 주셨던 일련의 개인적 체험들은 그러한 인도 가운데 한 가지였다.

나의 신학교 시절에 가장 중요했던 것은, 말할 것도 없이 하나님의 뜻을 발견하고 그 뜻대로 행하는 것이었다. 학문적 명성이나 '성공'은 염두에 없었다. 이러한 태도는 물론 성령의 열매('충성')였고 기도의 응답으로 얻은 것이었다. 그것은 내가 잘못 인도받지 않도록 지켜 주었다(요 7:17). 그러나 그 곳에서 2년 동안 배운 자유주의 신학의 영향으로 내 마음에 심긴 의심의 씨앗은 마치 독처럼 그 후에도 수년 간 표면으로 그 모습을 드러내곤 했다. 그러나 마침내 성령님은 내 마음과 정신을 깨끗이 씻어 주셨고, 엘리스의 〈모세가 쓴 네 권의 책〉(The Four Books of Moses)을 발견함으로써 결정적으로 그 의심을 해결할 수 있었다.

이 학교에서는 모든 학생들이 현장 사역을 해야 했다. 나는 소수의 사람들과 함께 산 발치에 있는 시골 교회를 도우면서, 메클렌버그 노회에서의 경험 이후 미국 시골 생활의 아름다운 면과 함께 냉혹한 경제 문제(이 문제의 원인은 소작인 제도 및 성경과 완전히 반대되는 기타 다른 토지 소유 제도 때문이라는 것을 나는 나중에 알게 되었다)를 좀더 철저하게 배울 수 있었다. 구약 성경을 가르치던 신학교 학장은 교수들 중에서도 가장 급진적인 분이었지만, 그 역시 이 경제적인 악의 근원을 이해하지 못했다.

학생들 중에는 '고산지 주민 학교'(Highlander Folk School)에 자주 가는 사람들이 있었는데, 이 학교는 산지 주민들에게 그들의 문제를 이해시키고 그 문제에 잘 대비할 수 있도록 도와 주는 곳이었다. 그러나 이 고산지 주민 학교는, 다른 거의 모든 운동들처럼 헨리 조지와 성경에 기초한 그의 경제 원리의 영향을 받은 것이 아니라 사회주의의 영향을 받은 것이었다.

최근에 한 미국인 사학자와 헨리 조지에 관해 이야기를 나누었는데, 헨리 조지가 살아 있을 때는 수백만 명이 그를 따랐지만 그가 죽고 나자 이제는 그의 영향력이 거의 사라졌다고 했다. 그 사학자 친구는 이것을 '신비한 일'이라고 말하면서, 그 원인이 부분적으로는 전세계를 마르크스주의에 주목시킨 1917년의 러시아 혁명에서 사회주의가 '성공'한 데 있다고 덧붙였다.

나는 개인적으로 그보다 좀더 깊이 숨겨져 있는 또 다른 요인이 있다고 생각한다. 미국 정치계와 대학들은 이미 지주로부터 재정적 지원을 받고 있었기 때문에 지주들은 그 문제에 대해 정부와 대학이 침묵을 지키게 만들 수 있었다. 이 문제는 메이슨 가프니(Mason Gaffney)의 〈경제의 타락〉(The Corruption of Economics)에서 상세히 다루어지고 있다. 또한 조지주의자들의 논문을 싣는 정기간행물에서는 최근에 교황이 헨리 조지의 모든 글을 가톨릭 교도들의 금서 목록에 올림으로써, 그를 불신임하고 그를 침묵시키려는 캠페인을 벌였다는 사실을 밝혀 냈다.

스와니에는 미국 남부, 특히 애팔래치아 산맥 부근을 망치는 이 흉악한 가난에 대해 기독교적인 해결책을 찾으려는 학생들이 많았다. 내 친구 한 명이 교수님에게 성경에 나오는 희년법(우리에게는 이것이 해결책으로 보였다)에 대해서 물었지만, "희년법은 지켜지기보다는 안 지켜진 적이 더 많다"는 대답을 들은 것이 고작이었다. 이 한마디가 성경과 경제에 대해 우리가 3년 동안 배운 내용의 전부였다.

그로부터 30년 뒤, 비기독교 잡지의 부탁을 받아 성경과 토지에 관해 연구하면서 나는 그 때 교수님들의 생각이 얼마나 틀린 것이었는지를 알게 되었다. 이 외에도 같은 결론을 지지하는 연구들이 계속 나왔지만, 대지주들에게 계속해서 재정적인 지원을 받고 있는 학계가 실제적인 영향을 받았는지는 잘 모르겠다.

희년 외에도 우리가 관심을 가지고 있는 단어가 또 하나 있었는데, 그것은 '코이노니아'였다. 이 말에 대해 교수님에게 물었더니, '코이노니아'는 전적으로 신약적인 용어로서 일반 그리스어에서는 '남자들 없이 여자들끼리만 한 섬에서 공평하게 나누어 가지며 살기로 했다'는 어떤 이야기에 사용된 경우 외에는 극히 드물게 사용되던 말이라고 했다. 이번에도 그것이 대답의 전부였다.

몇 년 후, 컴퓨터 성경 프로그램을 통해 신약성경과 70인역에 그 말이 얼마나 자주 나오는지 직접 찾아보았을 때에야 비로소 나는 그 교수님의 말에 의심을 품기 시작했다. 버지니아에서 안식년을 보낼 때 근처 대학에 가서 커다란 그리스어 사전을 꺼내 보았는데, 그것을 보니 '코이노니아'라는 단어는 그리스 문학사상 모든 시대에 걸쳐 사용된 말로서 '친밀하며 깨질 수 없는 항구적인 관계'라는 뜻을 갖고 있음을 알 수 있었다. '코이노니아'는 부부 사이, 형제 자매 사이(사촌이나 이모나 삼촌은 제외), 동업자 사이, 협정을 맺은 국가 사이, 그리고 깡패들 사이에 쓰였던 말이었다! 깡패들은 서로 가진 것을 나누어야 한다. 그것도 공평하게 나누어야 한다. 그리고 집단을 벗어나려고 하면 죽임을 당한다. 그러니까 이 관계는 앞에서 언급한 다른 관계들과 같은 것이라고 할 수 있다.

나는 구약성경에서도 이 말이 결혼이나 협정 관계에 사용되었으며 무엇보다도 깡패들 사이에 쓰였다는 것을 발견했다. 초기의 그리스도인들은 한 가족이 아니면서도(그런데도 그들은 서로를 '형제' '자매'라고 불렀다) 서로 모든 것을 나누고 항구적인 관계를 맺었기 때문에 외부 사람들에게는 깡패 집단으로 보였을지도 모른다.

성경을 영어로 번역한 사람들은 이 단어를 분명히 난처하게 여겼던 것 같다. '코이노니아'를 비롯하여 그에 관련된 단어를 번역하는 데 18개의 서로 다른 단어를 사용함으로써, 번역이 불가능한 이 단어의 완전한 의미를 가려 버렸으니 말이다. 영어나 한국어에는 '코이노니아'와 같은 의미를 가진 단어가 없다. 그러나 고린도후서 13장 13절은 이것을 성령의 주된 사역으로 기록하고 있다. 이 단어는 사도신경에서 "성령을 믿사오며 거룩한 공회와 성도(그리스도인)가 서로 교통하는 것(영어에는 '성도들의 코이노니아'라고 되어 있음─역주)과 죄를 사하여 주시는 것과……"라는 구절에도 나온다. 그래서 예수원에서는 이 단어를 굳이 번역하려 하지 않고 원래 형태 그대로 사용하고 있다.

가난한 사람들에 대한 나의 관심과 경제적인 문제의 해결 방안에 대한 나의 이론은, 귀족 집안에 태어나서 현 사회 체제를 있는 그대로 받아들였던 시와니의 몇몇 학생들을 불편하게 만들었다. 한번은 그들 중 한 명이 나를 두고 말했다.

"산 밑으로 던져 버려!"

그러자 다른 한 학생이 이렇게 대꾸했다.

"아니야. 그를 산 아래로 던져 버리면 산골놈(covits, 험한 골짜기〔cove〕나 계곡에 사는 산사람들을 경멸해서 일컫는 표현)들을 타락시킬 거야. 그래도 좀더 아는 우리가 있는 곳에 놔 두는 편이 낫지."

이것이 바로 내가 평생 겪어 온 일이었다. 나는 '좀더 안다'고 생각하는 사람들, 나의 말에 영향받기를 거부하는 사람들 사이에서 살아 왔다. 그것은 할아버지가 성령 세례에 관해 가르치면서 사람들의 거부에 부딪쳤던 것과 같은 경험이었다. 우리 가족은 근본적으로 성경적인 개념들을 사람들에게 알리기 위해 지난 100년 동안 노력해 왔다. 그러나 교회는 너무나 자기 전통에 빠져 있는 나머지 들으려고 하지 않았다. 사람들이 귀를 기울인 것은 은사운동이 발전하고 조지주의 운동에 새로운 생명이 일기 시작한 최근 몇 년의 일이다.

신학교에는 정기적인 채플 예배가 있었는데, 그 가운데는 의무적으로 참석해야 하는 예배도 있었고 자율적으로 참석할 수 있는 예배도 있었다. 그러나 미숙하고 젊은 신학생들이 자유주의 신학을 잘못 이해함으로써 비판적인 것이 곧 똑똑한 것인 양 착각하는 바람에 신학교의 전반적인 영적 분위기가 점점 악화되었다. 심지어 교수진도 영향을 받아 몇몇 교수님들은 교실에서 신랄하게 동료 교수 비판하기를 즐기기도 했다. 내가 그 신학교에 있는 동안 냉소주의와 비판의 영이 학교 전체에 스며들었다.

학생위원회의 절반은 이제 갓 대학을 졸업한 젊은이들이었다. 이들은 바깥 세상의 경험이 전혀 없었고, 그들 가운데 많은 이들은 왜 자기가 신학을 공부하는지 명확하게 알지 못했다. 한 학생이 저녁 식사 시간에 "다른 할 일이 있고 그것을 즐길 수 있다면, 목회를 해서는 안 된다"고 말했다. 그러자 그 학생 앞에 앉아 있던 한 상급생이 소리쳤다.

"난 목회말고도 하고 싶은 것이 많아!"

먼저 말을 꺼낸 1학년 학생은 놀라서 물었다.

"그러면 왜 목회를 공부하는 겁니까?"

"하나님이 그렇게 하라고 하셨기 때문이지. 그게 이유야!"

세상에 나가서 광부에서부터 기술자까지 모든 종류의 일을 해 본 대부분의 나이 든 학생들은, 꽤나 성공적으로 하던 일들을 떠나서 목회의 길로 온 것이 하나님의 부르심이라는 데 의심이 없었다. 그런 사람들에게는 학교에 팽배한 냉소주의가 불편했다. 나이 든 학생들은 학생위원회의 다수를 차지하고 있었지만, 자기보다 어린 사람들의 날카롭고 똑똑한 말에 주눅이 들어 있었다. 그래서 어떤 학생들은 그저 침묵을 지켰고, 또 소수의 학생들은 그들 자신도 '똑똑한 말'을 하는 습관에 빠져 버렸다.

캠퍼스 내에는 두 개의 학생 기도 모임이 있었는데, 이 모임에 속한 사람들은 이러한 냉소주의와 상호 비판주의의 문제에 관심을 가지기 시작했고, 이를 위해 기도하기 시작했다. 그러던 어느 날, 한 상급생이 교수들로부터 수요일 저녁 설교를 위탁받았다(학생들은 주일에는 현장 사역을 했다). 이 학생은 다른 학생들로부터 비난의 칼을 맞을까 봐 두려워했다. 사실 다른 학생들도 같은 이유 때문에 설교하기를 거절해 왔다. 그러나 양심 때문에 거절하지 못한 그는 기도 모임 사람들에게 그의 설교 준비를 위해 기도해 달라고 부탁했다. 그는 자신이 설교할 수 있는 주제는 딱 한 가지밖에 없다고 생각했다. 그것은 학교 안에 스며든 상호 비판주의의 습관에 대한 것이었다. 그는 두려웠지만 그만큼 확고했다. 두 기도 모임은 그를 열심히 지원했다.

마침내 그가 설교했을 때, 하나님 앞에 드려 온 수주 간의 진지한 기도의 능력이 나타나기 시작했고 결국 교수님들까지 회개하기에 이르렀다. 그 후로는 누가 동료 학생이나 교수님에 대해 비판의 말을 시작하기만 하면 누군가가 "그러면 안 돼! 설교를 기억해야지!"라고 말했고, 비판은 더 계속되지 않았다. 그 학기의 마지막 두세 달은 조용하게, 그러나 진정한 부흥 가운데 끝이 났다. 하나님이 학생들의 기도를 들으셔서 교수님들에게까지 영향을 끼치는 부흥이 일어난 것이다.

내가 신학교에서 배운 가장 중요한 것은 학문이 아니라 교회생활에 대한 것이었다. 하나님('신학'의 주제인 'theos')의 관심은 형식이나 교리나 지식에 있는 것이 아니라, 그에 대한 충성과 그의 명령에 대한 순종에 있었다. 하나님은 "너희가 나의 명하는 대로 행하면 곧 나의 친구라"(요 15:14)고 말씀하셨다. "여호와를 경외하는 것(즉 하나님을 공경하고 하나님께 순종하는 것)이 지식의 근본"(잠 1:7)이다. 완전히 새로운 언약, 즉 기독교의 기초가 되는 언약은 성령님을 통해 하나님에 관한 사실들이 아니라 그분 자신을 알려 주시겠다는 약속인 것이다(렘 31:31-34).

갈등

1945년 봄, 신학교를 마친 나는 나와 함께 반웰 주교의 후원을 받고 있는 친구 어윈 헐버트와 함께 조지아 주의 사바나로 가서, 그곳에 있는 그리스도 교회에서 반웰 주교로부터 부제 서품을 받았다. 이 교회의 첫 목사는 존 웨슬리였는데, 그는 일종의 패배감을 안고 조지아를 떠나 영국으로 돌아갔다. 그로부터 얼마 지나지 않아 웨슬리는 올더스게이트의 체험을 했다. 그것은 런던에 있는 소규모의 모라비안 교도 모임의 사역을 통해 성령의 은사를 받은 체험이었다. 대서양을 지나 조지아로 갈 때 같은 배를 탔던 모라비안 교도들에게 깊은 인상을 받았던 그는 분명히 영국으로 돌아간 후에 그들을 찾아볼 마음이 있었을 것이다. 바다에 폭풍이 불어닥쳤을 때 다른 사람들은 다 무서워서 떨었지만 모라비안 교도들만큼은 하나님께 절대적인 신뢰를 가지고 있었다.

어윈과 나는 조지아에 있는 이 교회가 지금은 건물도 멋있고 부유한 회중들이 모이는 좋은 교회로 보이지만, 사실은 200년 전 존 웨슬리와 그 교회가 처해 있던 상황으로 돌아가 있기 때문에 다시 한 번 부흥이 필요하다는 데 생각을 같이 했다. 하나님이 우리를 사용하셔서 부흥을 가져오실지는 앞으로 지켜보아야 할 일이었다. 반웰 주교는 다리엔으로 나를 보내면서 "아처, 네가 거기서 해내지 못하면 아무도 못 할 거야"라고 말했다. 나는 그것이 나의 똑똑함이나 영성을 염두에 두고 한 말이 아니라는 것을 알고 있었다. 그는 나의 가족 배경을 생각했던 것이다.

다리엔의 성공회는 무엇보다도 '가족'을 중요하게 여겼다. 그래서 '전통 있는 집안' 출신들은 중요한 사람들로 대접받았지만, 그런 집안 출신이 아닌 경우에는 아무리 영적이고 좋은 교육을 받은 사람도 그다지 중요하게 여겨지지 않았다. 그 즈음 다리엔의 성 안드레 교회에는 아주 좋은 목회자들이 몇 명 있었다. 그러나 그들은 회중에게 아무런 영적인 영향력을 행사하지 못했다. 회중은 자신들이 성공회 교인이라는 데 자부심을 가졌지만 교회 출석을 중요하게 여기는 사람은 드물었다. 그들에게는 크리스마스와 부활절과 결혼식과 장례식에만 교회에 나오는 것으로 충분했다. 정기적인 주일 예배에는 7명의 교구 위원(장로와 비슷한 직분) 중 두세 명만 나왔고, 몇몇 신실한 여성들만 참석했다.

나는 내가 '전통 있는 집안' 출신으로 여겨진다는 사실을 발견했다. 나의 외증조 할아버지는 이 지역에 커다란 농장을 가지고 있었고 100명의 흑인 노예들을 거느렸다(이 지역에서 가장 큰 지주의 노예는 1,000명이었다). 이 할아버지가 바로 아브라함 링컨 대통령이 노예 해방 선언을 했을 때 '해방을 얻은 사람은 바로 나'라고 말했던 분이다. 링컨은 토지나 농사 도구가 없으면 해방된 노예들이 노예 살이를 하면서 최소한의 음식과 주거지와 옷을 제공받았던 때보다 더 형편이 좋지 못하리라는 사실을 알았다. 그는 한 가정당 40에이커(48,000평)의 땅과 노새 한 마리를 주게 했지만, 백인들은 법에 영향력을 행사하는 한편, KKK단을 통해 흑인들이 토지를 소유하지 못하게 했다. 우리 군(county)과 우리 양 옆의 군에서만 흑인들에게 땅을 주고 그들이 어느 정도 자립할 수 있게 해 주었다.

여러 가지 중요한 면에서 다리엔의 분위기는 조지아의 다른 곳들과 달랐다. 그럼에도 불구하고 나는 내가 맡고 있는 백인 교회 대부분의 교인들이 흑인들을 대하는 태도와는 다른 태도를 물려받았음을 알게 되었다.

나는 백인 교회에서 한 블록 떨어진 곳에 있는 성 키프리언(유명한 아프리카 신학자의 이름을 딴 것이다)이라는 흑인 교회도 맡고 있었다. 나는 흑인 교인들과 백인 교인들에게 동일한 관심을 가지고 목회를 할 경우 양쪽 모두에게 긴장을 유발한다는 사실을 알게 되었다! 흑인 교회 교인들은 때때로 내가 너무 어리고 경험이 없어서 지금 어떤 문제를 만들어 내고 있는지를 모를 뿐 아니라 그 문제들을 풀어나가는 방법도 모른다고 걱정했다.

이 교회 회중들이 모금을 위한 연주회를 연 적이 두 번 있었다. 첫 연주회에서 나는 '백인 손님을 위한 예약석'이라는 안내문이 붙어 있는 것을 발견했다. 그 결과 '백인 손님석'에 빈 자리가 있는데도 많은 흑인들이 연주회 내내 서서 구경해야 했다. 다음 해에 나는 그렇게 청중을 분리하지 못하게 했다. 몇몇 흑인 교인들은 문제가 생길까 봐 두려워했다. 결국 아무 문제도 생기지 않기는 했지만, 내가 다리엔에 있는 2년 반 동안은 나의 태도 때문에 특히 백인 사회에서 긴장이 형성되곤 했다. 백인 교회 교인들 가운데에는 내 의견에 동의하는 사람도 몇 있었고, 내가 '너무 앞서 간다'고 생각하는 사람도 일부 있었다. 그러나 기존의 관습을 변화시키는 일은, 그것이 아무리 작은 변화라 할지라도 '너무 앞서 갈' 수밖에 없다는 것이 나의 생각이었다.

이 즈음에 나는 어머니와 남동생(그는 내가 기숙 학교에 가 있는 동안에 태어났고 내가 대학 진학을 위해 집을 떠났을 때에도 여전히 어린 나이였기 때문에, 우리가 같이 살아 본 것은 이번이 처음이었다)과 함께 살고 있었다. 아버지는 같은 주에 있는 군인 병원에 입원해 계셨다. 아버지는 중국 서부와 미얀마 사이의 전쟁 현장에서 중국 군대와 미국 군대 사이의 연락 장교로 일하다가 부상을 입어 오른팔을 잃었다. 어머니는 조지아에서 자랐기 때문에 그 지역 관습을 잘 알고 계셨다. 그러나 어머니는 중국과 아시아 지역에서 오랜 시간을 보냈고, 양키(미국 북부 지역 사람을 일컫는 말)와 결혼한 데다가 기독교에 대한 분명한 확신을 가지고 있었기 때문에 이런 경험들이 서로

기존의 관습을 변화시키려면, 그것이 아무리
작은 변화라 할지라도 '너무 앞서 갈' 수밖에
없다는 것이 나의 생각이었다.
－조지아 교구를 떠난 후. 1949년.

융합됨으로써 옛 문화로부터 벗어날 수 있었다.

남동생—우리는 그를 중국어로 '남동생'이라는 뜻의 '디디'라고 불렀다—은 나에게 큰 도움을 주었다. 그 당시 그는 고등학교에 다니고 있었는데, 어머니가 우리와 같이 살러 오시기 전까지는 대부분의 집안일을 도맡아 했다. 그 덕분에 나는 자유롭게 그 지역을 다니며 흩어져 사는 교구민들을 심방할 수 있었다. 우리는 좋은 관계를 유지했지만, 어머니가 오시자 상황이 달라졌다. 어머니는 당신이 오시기 전에 우리가 어떻게 해 왔는지 알아 보지도 않고, 디디가 해 오던 집안일을 다 맡아 버리셨다. 10년 동안 떨어져 살았던 어머니는 타인 같았기 때문에, 나는 이 상황에 어떻게 적응해야 할지 알 수가 없었다. 이 때는 내가 집을 떠난 지 벌써 여러 해가 지났을 때였다.

어머니와 디디는 최근까지 서로 같이 지냈기 때문에 나는 두 사람이 서로를 잘 이해하고 있고, 나의 간섭은 필요하지 않을 것이라고 생각했다. 그러나 세례와 견진성사를 준비하고 있던 디디가 그 사실을 어머니께 알리자 심각한 위기가 발생했다. 어머니는 "아버지하고 그 일을 상의해 봐야 하지 않겠니?"라고 말했고, 그것으로 얘기는 끝이 났다. 디디가 "내 결정에 따라 할 수 없다면, 관두겠어요"라는 말로 어머니의 제안을 일축해 버린 것이다.

그는 세례를 받으려던 계획을 취소했고 지금까지도 세례를 받지 않고 있다. 지금은 성례에 대해 다른 교파들의 형식을 따르지 않는 퀘이커 모임에 나가고 있다. 그는 또한 다리엔 고등학교에서 브룬

스웍 고등학교로 옮겼고, 일부러 매년 다른 학교에 전학할 수 있도록 일을 꾸몄다! 브룬스윅으로 통학하는 데 걸리는 시간 때문에 우리는 전처럼 자주 만나지 못했고, 시간이 지나 그가 미국 서부로 이사를 가면서 가족과의 관계가 상당히 멀어졌다. 우리가 다시 정기적으로 소식을 주고받게 된 것은 불과 몇 년 전의 일이다.

다리엔에 있는 어머니의 친구 중에 해티 존즈라는 분이 있었다. 아주머니는 우아한 흑인 여성으로서 우리 집 바로 건너편에 살고 있었고 집안일을 돕기 위해 자주 우리 집에 왔다. 해티 아주머니는 올 때마다 블라인드를 내렸다. 어머니가 왜 그렇게 하냐고 묻자, "여기서는 너무 자유롭거든요!"라고 말했다. 아주머니는 자신이 누리는 '자유'를 밖에서 누가 훔쳐 보기 않기를 바랐던 것이다.

그로부터 몇 년이 지나 내가 결혼한 후에, 해티 아주머니가 우리를 얼마나 사랑하는지를 아주 잘 보여 준 사건이 하나 일어났다. 우리 부부에게 일자리가 없어서 수중에 돈이 다 떨어졌을 때, 해티 아주머니가 추수감사절과 크리스마스 때 손님 접대에 필요한 것을 다 주겠다고 한 것이다. 결국 해티 아주머니는 그 동안 우리 어머니께 받은 돈을 전부 아내에게 돌려준 셈이 되었다. 아주머니는 저녁 식사 시간에 부엌에서 우리 대화에 참여하긴 했지만, 우리와 함께 식탁에 앉지는 않았다.

한번은 우리에 대한 해티 아주머니의 사랑이, 그 작은 마을의 관습에서 용납되는 차원을 넘어서는 바람에 긴장이 고조된 적이 있었다. 해티 아주머니는 저명한 손님들을 대접하는 한 가정에 하루 저녁 고용되어 식사 시중을 들게 되었는데, 그 가정은 그 지역에서 꽤 영향력 있는 집안이었다. 흑인들은 그런 상황에서 완전한 침묵을 지키는 것에 익숙해 있었고 대개의 경우 사람들의 눈에 뜨이는 경우가 거의 없었는데도, 백인들은 자신들의 대화를 다 듣고 있고 주인 집에서 일어나는 일들을 다 알고 있는 흑인들을 무의식적으로 불편해했다. 그들은 흑인들이 무슨 생각을 하는지에 대해서는 전혀 아는 바가 없었다.

그런데 그 날 밤에는 대화 주제가 성공회 신부와 침례 교회 목사와의 관계로 옮겨갔다. 해티 아주머니는 이야기를 듣다가 어떤 사람이 진실과는 완전히 반대되는 말을 하고 있다는 것을 알고는 더 이상 침묵하지 않겠다고 결심했다. 아주머니는 2세기 동안 지켜 온 오랜 관습을 깨고 목소리를 높여 자기 의견을 말했다! 물론 그 충격은 말할 수 없이 컸다. 식사는 엉망이 되었고, 모두의 위신이 떨어졌다. 그리고 그 책임은 내게로 돌아왔다!

그 마을에 있었던 또 다른 긴장의 원인은 미국 북부에서 온 내 친구 버트 길덴이 제공했다. 그는 '위대한 미국 소설'을 쓰려고 다리엔으로 온 친구였다(그는 결국 다리엔에 대해 소설을 썼고 그것이 영화화되기도 했지만, 그 때부터 별로 주목받지 못하는 문인이 되고 말았다. 아마도 그가 제기한 인종 문제가 대중적이고 전형적인 틀에 전혀 맞지 않았기 때문일 것이다). 버트는 프랭크라는 흑인 새우잡이와 친구가 되었는데, 백인들이 선창 지역을 관할해서 자기 선창이 없는 흑인들을 이용해 새우잡이로 부자가 됐다는 사실을 알게 되었다. '선창 가격'

은 뉴욕 풀튼 수산물 시장 가격에 비해 형편 없이 적은 액수였지만, 흑인 어부들은 새우를 뉴욕으로 운반할 길이 없었기 때문에 이 선창 가격에 만족해야 했다. 버트는 우리 교회 교인 한 사람을 설득해서 그의 이름으로 프랭크의 새우를 운반해 달라고 했는데, 이것은 그 지역의 기존 체제를 붕괴시킬 만큼 위협적인 일이었다.

이처럼 경제 현실을 드러내는 일에 비하면, 그 동안 체제를 바꾸기 위해 내가 시도했던 일들은 그야말로 사소한 것들이었다. 교회 임원 중 한 사람은 나한테 '목회자가 너무 많이 아는 것은 좋지 않다'고 말했다. 실제로 내가 이러한 문제들을 놓고 설교한 적은 없다. 내 설교는 성공회 교회가 매주 정해 주는 성경공부에 엄격하게 제한되어 있었다. 이 임원은 "신부님의 말씀에는 다 동의합니다"라고 말한 다음, 아주 화를 내면서 "하지만 그 말에 숨겨진 뜻은 마음에 들지 않습니다"라고 덧붙였다.

선창 주인들은 소설가 친구 버트의 일을 방해하려고 여론을 형성하기 시작했지만, 나는 내가 그를 책임지고 있다는 사실을 공공연하게 알리면서 누가 그를 고소할 경우 즉시 나에게 알리도록 했다. 당국은 그를 내버려 두는 편을 택했다.

이 시기에 나는 매우 소중한 영적인 교훈을 얻었다. 내 영적 상담자인 뉴욕의 성가 수사회 소속 신부님은, 내가 부제로 있는 6개월 간 다른 신부에게 한 달에 한 번씩 고해성사를 하라고 충고했다. 그의 충고를 따라 해 보았더니 정말 나에게 도움이 되었다. 자기 성찰과 연장자 신부의 좋은 충고 두 가지 모두 유익했고 영적 성장에

도움이 되었다.

한번은 버스를 타고 가는데 갑자기 믿음이 부족하다는 죄의 자각이 강하게 일어났다. 나는 즉시 하나님께 조용하게 용서를 구했다. 그로부터 2주 후 연장자 신부에게 공식적인 고백을 하는 날이 왔다. 나는 믿음의 부족이라는 내 문제가 이미 해결되었다고 생각했지만, 고해성사 때 쓰는 문장이 항상 "지난 고해성사 후 저는 다음과 같은 죄를 지었습니다"로 시작하기 때문에 하나님이 이미 나를 용서해 주셨다고 생각하면서도 그저 목록 나열을 위해 믿음의 부족을 고백했다. 그 동안 고해성사를 죽 해 왔지만 특별한 느낌이나 감정적인 반응이 있었던 적은 없었다. 그저 의무를 다했다는 생각뿐이었다. 그러나 이번에는 교회를 걸어나오는데 갑자기 어깨에서 10톤짜리 짐을 벗어 버린 듯했고 구름 위를 걷는 듯했다. 나는 하나님이 이미 나를 용서해 주셨더라도, 다른 사람에게 고백하기 전까지는 그 짐을 덜어 주시지 않는다는 결론에 도달했다.

후에 나는 요한일서 1장 9절에 나오는 '자백하다'(confess)라는 단어에 '공개적으로 말한다'는 의미가 내포되어 있다는 것을 발견했다. 이것은 우리의 죄를 하나님께 개인적으로 말하는 것과는 다른 것이다. 이 단어는 적극적인 의미로 더 자주 사용된 말로서, 마태복음 10장 32-33절 같은 부분에서는 '부인하다'라는 말의 반대말로 사용되었다. "누구든지 사람 앞에서 나를 시인하면(confess), 나도 하늘에 계신 내 아버지 앞에서 저를 시인할 것이요, 누구든지 사람 앞에서 나를 부인하면(deny) 나도 하늘에 계신 내 아버지 앞에서 저를 부인하리라." 요한일서 4장 2-3절에서는 똑같은 단어가 '그리스도께서 육체로 오신 것을 시인한다'는 내용에 사용되었고, 요한일서 4장 15절과 요한이서 7절에도 사용되었다.

그러나 무엇보다 가장 잘 알려진 구절은 로마서 10장 9절이다. "네가 만일 네 입으로 예수를 주로 시인하며……네 마음에 믿으면……." 하나님은 마음으로도 올바른 자세를 갖추어야 하고 입술로도 올바른 말을 하라고 요구하신다. 이것이 없으면 그 어떤 것도 소용이 없다. 이러한 교훈은 그 후로도 여러 해 동안 다양한 방법으로 나를 새롭게 했다. 이것을 믿음의 음양으로 따진다면 믿음의 '양'(陽)은 말의 고백이고, 믿음의 '음'(陰)은 마음의 확신이라고 생각한다. 나는 우리 믿음에 작용하는 음과 양 모두를 갖출 때에만 그 믿음이 온전해진다는 것을 깨달았다.

마침내 선창 주인들은 나를 제거하기로 결정했다. 그들은 나에게 개인적으로 접근하는 대신, 나이 많은 한 미망인(이분은 성 안드레 교회에서 목회했던 내 전임자의 아내로서, 그 동네에 있는 아주 쾌적한 집에서 살고 있었다)을 통해서 일을 벌였다. 그 사모님의 딸과 아들이 먼 곳에 살고 있었기 때문에, 사모님이 교회에서 전혀 보이지 않았을 때에도 자녀들을 방문하러 갔겠거니 생각했다. 그리고 그분이 나를 만나고 싶어한다는 말을 들었을 때에도 몸이 아파서 혹시 죽어가는 것은 아닐까 생각했다. 그래서 버트의 친구들과 만나기로 약속한 저녁 식사 장소에 가는 길에 서둘러 그 사모님 댁에 들렀다. 그러나 놀랍게도 사모님은 매우 건강했다. 그분이 하려던 말은 이것이었다.

"노스캐롤라이나에 사는 아름다운 아가씨와 약혼하셨다면서요?"

"네, 그렇습니다."

내가 웃으며 대답하자, 사모님도 상냥하게 웃으며 말했다.

"신부를 조지아로 데려오자마자 과부로 만드는 건 참 안타까운 일이지요."

그 말이 의미하는 바를 이해하는 데는 1초도 걸리지 않았지만, 분노가 올라오기까지는 좀더 시간이 필요했다. 나는 웃으면서 감사하다고 말한 다음 그 집을 나왔다. 차에 시동을 걸고, 비 오는 저녁의 미끄럽고 젖은 길을 따라 그 다음 약속 장소로 가면서 서서히 화가 치밀어 오르기 시작했다. 나에게 직접 와서 말할 용기가 없는 선창 주인들에게도 화가 났지만 그들의 대변자가 되어 준 그 사모님에게도 화가 났다.

몇 분 후 나는 커브 없이 쭉 뻗은 새 도로로 들어섰다. 그 때 반대편에서 오는 차의 헤드라이트에 눈이 부셔서 앞이 보이지 않았다. 잠시 주춤하는 사이 오른쪽 바퀴가 길에서 미끄러져 모래에 처박혔다. 그 상태에서 차의 시동이 꺼지지 않도록 핸들을 왼쪽으로 꺾고 액셀러레이터를 밟아 다시 도로 위로 올라왔지만, 차체가 미끄러지면서 한 바퀴 빙 돌아 건너편에서 오는 차 바로 앞으로 미끄러졌다. 반대편에서 오던 차는 경적을 눌러 대며 내 차 옆으로 비껴 지나갔고, 내 차는 길 반대편으로 넘어가 둑 밑으로 굴러 늪에 빠져 버렸다.

나는 맥이 빠져서 그냥 "오, 주님!"이라는 말밖에 할 수가 없었다. 차가 구르기를 멈추자 내가 탄 좌석 쪽의 문이 내 머리 위로 와 있었다. 다행히 몸은 다치지 않아서 차체 위로 기어나와 둑 위로 건너뛸 수 있었다. 나는 도로 위로 기어 올라와 다른 차가 지나가기를 기다렸다.

몇 분 후 경찰이 신고를 받고 왔다. 내 차를 비껴간 차의 운전자가 너무 충격이 커서 더 가지 못하고 하룻밤 묵어 갈 수 있는 곳을 물으러 차에서 내렸다가 경찰에 알렸던 것이다. 그는 민박 숙소를 운영하던 우리 교회의 상임 위원을 소개받았다. 경찰은 나를 약속 장소까지 태워다 주었고, 식사 후에는 친구들이 나를 집까지 데려다 주었다. 그 날 밤 나는 깊은 잠에 빠졌다.

내 차가 어떤 모양을 하고 있는지 보려고 아침에 정비소로 갔다 (경찰이 그 차를 운반해 가라고 그들에게 연락해 주었다고 한다). 차는 수리할 수 없을 정도로 완전히 망가져 있었다. 그것을 보니 내가 상처 하나 없이 빠져 나온 것이 기적이라는 생각이 들었다. 그렇게 거기서 차를 바라보며 서 있는데, 키 큰 흑인 한 사람이 다가왔다. 그 길 바로 아래쪽 내 교구에 속하는 정비소 주인인 그는 성 키프리언 교회 교인이지만 교회에는 전혀 나오지 않는 사람이었다.

"C씨와 B씨가 오늘 아침에 신부님 차를 보러 왔었어요. 그 사람들이 무슨 말을 했는지 말씀드릴까요?"

내가 말해 보라고 하자 그가 대답했다.

"죽지 않아서 유감이라더군요."

나는 그 말에 그다지 놀라지 않았다. 이번에는 화가 난다기보다
는 오히려 재미있었다.

이 사건이 일어난 지 얼마 되지 않아서 나는 성 안드레 교회를 사
임하고 브룬스윅으로 이사가서 준설기 일을 했다. 예배는 성 키프
리언 교회에서 계속 드렸다. 여름이 되자 어원 헐버트가 교구 청소
년 캠프인 리스 캠프에서 함께 일하자고 초청해 왔다.

결혼

그 늙은 사모님이 내 생명을 위협하는 말을 했을 때 내가 약혼했다고 대답한 것은 사실이었다!

시간이 지나면서 어머니는 나의 결혼 문제를 거의 포기했고, 나는 그저 하나님이 내게 그의 뜻을 보여 주시지 않았기 때문에 결혼에 대해서는 아무것도 하지 않고 있는 것이라고만 말씀드렸다.

"정말 어쩔 수 없구나!"

어머니는 이렇게 말씀하시면서도 내가 결혼을 하든 독신으로 살든 심지어 수도원에 들어가든 오직 하나님께 순종하고자 하는 것을 보고 기뻐하셨다.

내게도 여자 친구들은 있었다. 그 친구들은 대부분 노스캐롤라이나의 샬롯에 있었는데, 나는 그 '지적인' 친구들과 함께 콘서트에도 가고 놀러 다니기도 했다. 이 여자 친구들 중에는 나와 같은 버스를 타고 다니는 이들도 있었다. 돈이 없어서 택시를 타고 다니지 못했던 나는 혹시 한 여자 친구와 데이트를 하다가 또 다른 여자 친구를 만날까 봐 마음이 굉장히 불편했다. 불편한 점은 또 있었다. 내가 열심히 나의 정치적, 신학적 견해들을 설명했을 때 데이트 상대가 보이는 반응은 "넌 목소리가 참 포근하구나" 하는 말이 고작이었던 것이다.

그 버스 노선 종점에 살던 제인 그레이는 다른 여자들보다 재치가 있었다. 제인은 내 여자 친구 목록 중 제일 위에 있었던 것으로 기억한다. 우리는 5년에 걸쳐 일 년에 두세 번 정도 만났고, 편지는 일 년에 두 번 정도 주고받았다. 그 기간에 나는 상선을 타고 다니다가 정착해서 신학교를 마쳤으며, 대학을 졸업한 제인은 미국 북부에 있는 항공기 설비 공장에서 기계 디자인을 했다.

한번은 내가 편지에 "우리가 결혼해서 티벳에 가면……"이라고 쓰는 실수를 저질렀다. 제인은 매우 화를 내면서 내가 거기까지 생각할 필요는 전혀 없다고 말했다. 자기는 티벳에 가서 천막에 살지 않을 것이며, 우리가 공통된 관심사를 가지고 있기 때문에 친구가 될 수는 있지만 그게 전부라는 것이었다. 제인은 내가 그런 말을 한 번만 더 하면 우리 관계는 끝이라고 했다. 나는 그녀의 말에 동의했다.

"좋아, 너를 그냥 남자 친구처럼 생각할게."

이것은 전에 우리가 약혼했다는 소문이 났을 때에도 했던 말이었다.

또 몇 해가 지나갔다. 어머니가 조급해하시는 것도 이상한 일이 아니었다. 내 신학교 동료이자 좋은 친구인 어윈 헐버트는 조지아에 있는 내 교회 근처로 목회지를 배정받았고, 우리는 어린이와 청소년을 위한 여름 캠프 운영을 맡게 되었다. 어윈은 이미 약혼한 상태였다. 그도 아마 어머니처럼 내가 걱정되었을 것이다. 그는 제인에게 편지를 써서 여름 캠프에 미술 스탭으로 와서 캠프 주변의 아름다운 강 풍경을 그려 달라고 했다. 제인은 '좋은 기회인걸. 그렇게 아름다운 곳에 가서 그림만 그릴 수 있다니! 아처 토리가 거기 온다고 해도 이 초청만큼은 받아들여야겠어!' 라고 생각했다.

어윈과 나는 캠프 참가자들에게 매일 간단한 성경 연극을 보여 주었다. 호세아서를 가르칠 때, 나는 호세아 역을 맡아 내 친구(어윈)에게 아내가 얼마나 나를 괴롭히는지에 대해 불평하는 대사를 했다. 그 때 놀랍게도 제인은(나는 이 말을 나중에 들었다) '아처를 향한 사랑의 세례'를 받았다! 그것은 영적인 체험이었다. 이 사실을 안 나는 이제 하나님께서 제인에게 마음을 주고 사랑에 빠져도 좋다고 허락하신 것을 알았다. 우리 두 사람은 그 때와 동일한 마음으로 50년을 살아왔다.

이렇게 오래 끌었던 구혼은 1년 더 연장되었고, 결국 우리는 서로를 안 지 7년 만에 매우 흥겨운 결혼식을 올렸다. 제인의 언니인 마사가 신부를 돌보는 기혼 부인 역할을 했고, 오빠 빌이 신랑 들러리를 섰다. 그 당시 샬롯에는 소아마비가 돌고 있었는데, 도시를

Wedding day 1948

우리는 서로를 안 지 7년 만에 매우 흥겨운 결혼식을 올렸다.
– 1948년.

떠나 있던 하객은 버지니아 샬롯 법원에서 일하는 제인의 이모—제인이 가장 좋아하는 이모—인 프랜시스 스미스뿐이었다. 우리 가족은 아무도 참석하지 못했다.

신혼여행은 내가 입만 살았지 사실은 얼마나 멍청한 사람인지를 제인에게 알려 주는 기회가 되었다. 우리는 결혼식과 피로연이 끝난 후 노스캐롤라이나 애슈빌로 떠났는데 가다가 주유를 해야 했다. 그 때서야 나는 지갑을 가져오지 않았다는 사실을 깨달았다. 바지 주머니가 튀어나와 보이지 않게 하려고 들러리에게 지갑을 맡겼던 것이다.

실수는 그것으로 그치지 않았다. 우리는 아주 늦게서야 호텔에 도착했다. 그런데 그 호텔이 내가 어렸을 때 애슈빌에 사는 할아버지와 할머니를 뵈러 와서 묵었던 그 호텔이 아니라, 그 주에서 가장 비싼 호텔이었다는 사실을 투숙하고 나서야 알았다.

그 다음 날 우리는 싼 민박 숙소에서 잤고, 그 다음 날에는 텐트와 무거운 배낭을 지고 섹스텍 산으로 갔다. 산을 얼마쯤 올랐을 때 우리는 제인의 배낭을 내려놓고, 그 날 밤을 지낼 만한 야영지를 찾은 다음 내가 다시 와서 찾아가기로 했다. 나는 제인에게 텐트를 치고 저녁 준비를 시작하라고 하고는 배낭을 가지러 가려고 했다. 제인은 "곰이 나오면 어떻게 해요?"라고 물었는데, 나는 칼을 하나 건네 주며 "이걸 써" 하고는 배낭을 가지러 가 버렸다. 30분 후, 내가 배낭을 가지고 돌아와 보니 제인은 혹시 곰이 나타날까 봐 무서워서 내가 칼을 주었던 그 자리에 꼼짝도 못 하고 서 있었다.

다음 날 우리는 산 꼭대기까지 올라갔다가 다시 내려왔다. 길에서 만난 산림지기가 물었다.

"어떻게 셕스텍 산을 오를 생각을 다 했어요?"

"산림 경비대원을 만났는데, 자기도 하루만에 올라갔다 왔다면서 우리도 갈 수 있을 거라고 하던데요."

"그 말밖에 안했어요? 그 다음 날 침대에서 끙끙 앓았다는 얘기는 안 하던가요?"

전국을 돌아다니며 결혼식에 오지 못한 내 친척들을 만나고, 캐네디언 케스윅을 여행하고, 나이아가라 폭포를 관람하고 난 후에야 드디어 우리는 남쪽에 있는 세인트시몬 섬으로 돌아왔다.

그러나 결혼한 첫해의 나머지 시간에 비하면 신혼여행의 곤란은 아무것도 아니었다. 그 당시 조지아의 주지사 허먼 텔메즈는 분리주의를 열렬하게 지지하고 있었다(그 때는 아직 미국 대법원이 분리주의를 불법으로 선포하기 전이었다). 이 일 때문에 나와 내 친구들은 정치에 입문해서 우리가 생각하는 정의를 외쳐야겠다는 생각을 했다. 선지자의 역할은 평신도의 역할이므로, 나는 그 당시 교회를 그만두고 다시 육체 노동으로 돈을 벌고 있었다. 제인과 나는 우리 두 사람이 모두 사랑하게 된 아름다운 섬에 정착했다. 제인은 그림을 그리고 나는 매일 건축 공사장에 일하러 갔다. 그 일은 준설기 작업보다 더 재미있었고 보수도 좋았다.

나의 신부가 처음으로 집에서 저녁을 준비한 날, 나는 공사장에서 집으로 돌아가는 길에 내 친구 집을 지나가게 되었다. 내가 잠시 멈춰서자 누군가가 "아처가 저기 있네! 지금 막 네게 연락하려던 참이었어!" 하고 외쳤다. 그러자 우리가 창설한 당의 대표와 주지사 후보가 집을 뛰쳐나오면서 "너랑 이야기를 좀 해야겠어. 너희 집에 가도 되겠어?" 하고 물었다. 그들은 내 차에 뛰어올랐고, 우리는 가는 길에 먹을 것을 좀 사기 위해 한 번 더 차를 멈췄다.

배가 고픈 새신랑만을 기다리고 있던 신혼 집에 세 명의 덩치 큰 남자가 먹을 것을 들고 정치 캠페인을 논하러 들이닥쳤다! 제인은 자신이 준비한 저녁을 제쳐 놓고 우리가 사 가지고 간 음식을 데워서 차려 놓고는 관심 밖으로 밀려난 채 그 밤을 보내야 했다. 그 후에도 탈메즈의 상대 후보를 지지하느라 우리 신혼 집은 무슨 본부 비슷한 곳이 되어 버렸고, 정치 일을 하는 일곱 명의 젊은이들이 우리 집에서 두 주일을 함께 보냈다.

이 일이 있은 지 얼마 되지 않아 나는 정치적인 입장 때문에 일자리를 잃었다. 우리는 마치 나이 든 엘리야처럼 까마귀가 날라다 주는 음식을 먹으며 지내야 했다. 하나님이 우리를 먹이기 위해 사용하신 '까마귀'는 우리의 처지를 우연히 알게 된 흑인 형제 자매들이었다. 부자 친구들은 우리가 어려움에 처해 있는지조차 모르고 있었다. 우리는 한 번도 굶지 않았다. 제인은 신실하신 하나님께 모든 것을 의뢰하기 위해 필요한 훈련을 그 때 받았다고 말한다.

선거에서는 패배했다. 그러나 수년 후 우리는 우리가 노력했던 일의 긍정적인 결과들을 볼 수 있었다.

아름다운 세인트시몬 섬에서 4개월을 보낸 후에 하나님께서는 기적적으로 우리를 다시 교회 일로 부르셨고, 우리는 우리가 가진 세상의 짐을 다 싣고 미국 중부에 있는 미주리 주의 파크빌로 갔다. 내가 맡은 일은 '농업 지역 교회 연구소'(Town and Country Chruch Institute)라고 불리는 성공회 교회의 개척 프로젝트로서, 농업 지역 선교를 실험해 보는 일이었다. 거기서 우리는 6개월 동안 이 아파트에서 저 아파트로 이사를 다니다가(그 일은 시작 단계였기 때문에 고용된 직원들이 살 만한 공간이 없었다), 다시 서부 매사추세츠 주 보스턴으로 가서 목회자 상담 훈련 과정을 이수했다. 우리 두 사람은 사랑과 유머 감각으로 그 많은 이사와 변화의 시기를 감당했다.

우리 두 사람은 그 때와 동일한 마음으로 50년을 살아왔다.
-금혼식을 마치고. 1998년.

목회는 내 길이 아니다

드디어 우리 부부는 매사추세츠 주 서쪽에 있는 로렌스 주교로부터 애톨에 있는 성 요한 교회를 맡아 달라는 초청을 받았다. 우리는 또 이사를 해야 했다. 결혼한 지 14개월째 되는 달에 열네 번째의 이사를 한 것이다. 그 집으로 이사를 가서야 우리는 같은 집에서 8년을 살았다고 자랑스럽게 얘기할 수 있게 되었다.

성 요한 교회 교인들은 친절했고, 우리는 그들이 우리와 잘 맞는다는 것을 금방 알 수 있었다. 그러나 동시에 이 교회가 안고 있는 두 가지 문제를 곧 알아챌 수 있었다. 하나는 아버지들이 교회에 나오지 않는다는 것이었고, 또 하나는 전임 신부가 무의식중에 노동자들을 싫어했다는 것이었다. 그가 내게 준 보고서에 "지역 사회 지도자들을 교회에 끌어들이도록 노력해 주십시오"라는 표현을 보고 나는 그것을 알 수 있었다. 하나님은 "교회의 남자들에게 사역의 초점을 맞추어라. '지역사회 지도자'에 대해서는 신경쓰지 말아라. 내가 네게 보내 주는 공장 노동자들을 격려하고 그들을 사용하라"고 말씀하셨다.

다행히도 상임 교회 위원(교회의 지도급 임원) 한 사람이 공장 노동자였다. 어느 날 그에게 "교회에 노동자들이 많아서 참 기쁩니다. 사실 예수님도 노동자였고, 대부분의 제자들도 그랬지요"라고 했더니, 그는 놀라서 나를 쳐다보더니 말했다.

"정말 그렇군요! 전에는 생각해 보지 못했던 사실입니다!"

그 순간 주님은 그의 자존감을 새롭게 회복시켜 주셨고 평온한 자신감을 주셨다. 그리고 그러한 분위기가 회중 전체에 확산되기 시작했다. 후에 그는 그 때 교회 위원으로 보냈던 몇 년이 자기 생애에서 가장 행복했던 시기였다고 말했다. 상류층 사람들도 교회에 나오기 시작했고, 나중에는 공장주 두 사람도 교회에 나오게 되었다. 나는 공장주들이 교회에서 명령하려 들까 봐 걱정되었다. 그래서 그들에게 다른 사람보다 더 많은 권위를 주지 않기 위해 반대쪽으로 치우친 태도를 취했다. 한번은 이러한 나의 태도가 도에 지나쳤는지, 교구위원회가 끝난 후에 한 사람이 나를 따로 부르더니 말했다.

"신부님, 다른 사람에게 잘못했을 때는 사과하라고 가르치셨지요? 이제 신부님 차례입니다. 아무개 씨한테 가서 오늘 밤 신부님이 그에게 말한 태도에 대해서 사과하십시오!"

그것은 참으로 힘든 일이었다. 그러나 나는 그 사람의 집으로 찾아가서 용서를 구했다. 그는 집으로 들어오라는 말도 없이 "이제 사과할 만한 때가 되었지요!"라고만 했다. 그러나 나는 그것이 그가 나를 용서하는 최선의 반응이라는 것을 알았다. 그는 사실 교육관을 짓는 데 큰 도움을 준 사람이었다. 그러나 그 교회는 한 번도 한두 사람의 부자들에게만 의존한 적이 없었으므로, 이웃 교회처럼 공장주가 이사를 갔기 때문에 문을 닫아야 할 위험은 없었다.

그 시기에 나는 계속해서 상담과 내적 치유에 관해 배우고 있었고, 나 자신도 상당한 내적 치유를 받았다. 나는 가능하면 빨리 선교지로 돌아가려는 열심(그 때문에 나는 모든 일을 서둘러서 했고, 그렇게 급하게 구는 내 태도로 인해 주위 사람들은 억압당하는 느낌을 받았다)이 주님에게서 온 것이 아니라 나의 강박관념이라는 것을 알게 되었다. 그 강박관념은, 내가 태어나기도 전에 무의식에 기록된 '고향에 가고 싶다'는 말에서 나온 것이다. 나에게 '고향'은 동양이었고 선교지였다. 주님은 이것을 완전히 치유해 주셨고 나는 자유롭게 되었다.

치유를 받고 나자 내가 목회 일과 교회 행정 일보다는 대학이나 선교지에서 가르치는 일을 하고 싶어한다는 사실을 직시할 수 있었다. 그러나 주님은 우리가 살고 있는 바로 그 곳, 매사추세츠 애틀에서 내가 할 일이 더 있다는 것을 분명히 알게 해 주셨다. 결국 나는 "주님, 제가 좋아하는 일을 주시지 않으실 것이라면 당신이 주시는 일을 제가 좋아하도록 만들어 주시겠습니까?" 하고 기도했다.

"제가 좋아하는 일을 주시지 않으실 것이라면 당신이 주시는 일을 제가 좋아하도록 만들어 주시겠습니까?"
—성 미가엘 신학원, 1957년.

주님이 나를 보고 웃으시는 것 같았다. 하나님께서 "왜 그리 어리석으냐? 신학을 가르치고 싶다면서 6년이나 걸려서야 비로소 이 기도를 알게 되었느냐?"고 말씀하시는 소리가 들렸다. 나는 말했다. "그렇습니다. 주님, 저는 정말 어리석습니다. 저는 6년 전에 이 질문을 드려야 했습니다. 하지만 지금이라도 이렇게 해 주시겠습니까?"

"물론이지!"

주님이 대답하셨다. 그리고 기도한 지 사흘 만에 나의 태도는 완전히 바뀌었다. 우리가 무엇인가를 향해 죽을 때 사흘 후에 부활이 오는 것을 발견하게 되는 경우가 아주 많다. 갑자기 나는 내 나머지 인생을 이 한 교회의 목사로 보낼 준비가 되어 있을 뿐 아니라 그 일을 모든 면에서 진지하게 기대하고 있는 내 모습을 볼 수 있었다.

그 해는 정말 대단한 한 해였다. 그 해에 일어난 좋은 일을 몇 가지만 언급하면, 우리는 교육관을 지었고, 사택을 보수했으며, 내 아내는 현대식 부엌을 갖게 되었고, 교인들은 내 월급을 올리자는 투표를 했고, 우리가 애틀에 정착한 지 얼마 되지 않아 태어난 아들 벤(Ben)은 길 건너 학교에 입학했다. 그러나 이 일들만 일어난 것이 아니었다. 나는 목회자 수양회에 갔다가 '돌아가서 선교에 대한 설교를 하면 하나님이 교회에 복을 주실 것'이라는 말을 들었다. 하나님은 내게 그에 대한 확신을 주셨고 나는 바로 그 다음 주부터 선교에 대한 설교를 하기로 결심했다. 물론 하나님밖에는 나의 이러한 계획을 아는 사람이 없었다.

하나님은 그 주에 교회에 사람들을 가득 채워 주셨는데, 그것은 매우 이례적인 일이었다. 예배를 마치고 사람들이 교회를 나갈 때 두 부부가 선교사로 가겠다고 나섰다! 나는 믿을 수가 없었다. 나는 그들이 파송될 수 있는 길을 알아 보았지만, 관료적 형식주의와 선교에 필요한 훈련을 받아야 한다는 문제 때문에 실현되지는 못했다. 하나님은 선교의 열정을 일으키고 계셨고 무엇인가를 준비하고 계셨다. 그러나 그것이 무엇인지는 알 수 없었다.

그때 한국에 있는 존 데일리 주교에게서 편지가 왔다. 그는 대천 해수욕장에서 만난 내 부모님을 통해, 내가 성공회 신부이고 교육학 학위가 있으며 중국어를 한다는 사실을 알게 되었다. 그는 우리 부부에게 한국에 와서 한국 전쟁 때 파괴된 성공회 신학교를 다시 시작해 볼 의향이 있느냐고 물었다. 그는 적은 액수지만 2년 동안 월급을 줄 수 있으며, 그 후로는 미국인 친구들이 우리를 후원해 주었으면 한다고 했다. 이 문제를 놓고 생각하고 있는 우리를 보고 한 친구가 "너 정말 믿음이 좋구나!"라고 말했다. 제인은 대답했다.

"우리 부부가 언제 2년 동안의 월급을 보장받은 적이 있었나요? 제가 아처와 결혼하겠다고 했을 때 그는 천막에 살면서 중앙아시아의 유목민에게 선교할 생각이었지요. 그런데 지금까지 그 정도로 힘든 일은 하지 않았으니 저는 운이 좋다고 생각해요."

하나님의 길은 얼마나 위대한가! 하나님은 나의 뜻이 아니라 하나님의 뜻을 따르게 굴복시키시더니, 마침내 그 동안 내가 그렇게 꿈꾸어 왔던 동양에서 신학을 가르치는 일을 주신 것이다!

제인은 나와 함께 기뻐해 주었지만, 동시에 자신의 사역은 무엇인지 궁금해했다. 제인은 '성가 동지회'(Companions of the Holy Cross)라는 여성 기도 공동체에 있는 친구들에게 자신이 영적으로 성장하여 남편을 따라 한국에 갈 수 있도록 기도해 달라고 부탁했다. 그러나 그 때는 자신의 부탁이 어떤 역사를 가져올지 전혀 알지 못했다.

하나님은 제인을 아그네스 샌포드 여사가 인도하는 목회 상담 모임에 참석하게 하셔서 기적적으로 후두염을 고쳐 주셨고(제인은 순식간에 말을 분명하게 할 수 있게 되었다), 마음속의 아픈 기억을 치유해 주셨으며, 성령 세례를 받게 하심으로써 그 기도에 응답하셨다. 이것은 제인에게 진정한 인생의 시작이었다. 제인은 해외로 가서 살아 계신 주 예수님을 전하고 싶어 어쩔 줄을 몰랐다. 나는 수년 전에 성령 세례를 위해 기도했고 성령님의 은사가 역사하는 것을 보았지만, 제인의 새롭고도 놀라운 경험을 통해 성령 안에서 함께 기도하는 것(방언의 은사)이 얼마나 좋은 것인지 알게 되었으며, 그것이 고난을 이기는 능력을 준다는 사실을 발견했다. 그런 능력이 없었다면 우리는 살아남지 못했을 것이다.

'선교에 대해 설교하면 하나님이 여러분의 교회에 복을 주실 것'이라고 말한 사람은 시드니 코렐 박사였다. 우리는 그에게 성 요한 교회에 와서 선교 수양회를 인도해 달라고 부탁했다. 그는 페루 선교사와 함께 와서 영화를 보여 주고 설교를 했다. 그는 내게 "하나

하나님은 마침내 내가 그렇게 꿈꾸어 왔던 동양에서 신학을 가르치는
일을 주셨다!- 한국의 성 미가엘 신학원에서 일해 달라는 초청을 받고. 1957년.

님이 당신을 선교사로 부르시는지도 모릅니다"라고 말했다. 우리는
한국으로 가라는 하나님의 부르심에 대한 우리의 비밀을 그와 나누
었고, 그는 그가 속한 선교 단체인 '연합 세계 선교회'(United
World Missions)에 우리 이름을 올리고, 그 단체 이름으로 파송받
을 수 있게 해 주었다. 코렐 박사의 프로그램에 매우 감명을 받은
일곱 살 난 아들 벤은 "제가 크면 뭐가 될 건지 아세요? 선교사가
되어서 일본하고 한국하고 전세계를 다닐 거예요!"라고 말했다.

드디어 신년 모임에 교인들에게 우리의 계획을 말할 준비가 됐을
때, 우리는 벤에게 자기가 했던 말을 상기시키면서 클 때까지 기다
릴 필요 없이 그 해 안에 선교사로 갈 수 있다고 말해 주었다. 벤
은 잠시 생각하더니 "그럼 누가 나랑 같이 가지요?"하고 물었다.
우리는 우리가 같이 갈 테니 걱정 말라고 말해 주었다. 그 때부터
벤은 우리 선교 사역에 완전한 동역자가 되었다! 하나님이 모든 것
을 잘 해결해 주셔서 얼마나 감사했는지!

선교사들 대부분은 신학교 재학중이나 졸업하자마자 해외 선교의
소명을 받는다. 나도 그 때 선교지에 가고 싶었지만, 주님이 길을
열어 주시지 않았기 때문에 심리적으로 나에게 적합하지 않았던 목
회 사역을 하고 있었다. 나는 중국에서 자랐고 일반적인 미국인의
문화적 관점과는 꽤 다른 견해를 가지고 있었다. 그래서 목회자로
서 효과적으로 일하기 위해서는 많은 자기 훈련이 필요했다.

이미 말한 것처럼 실제로 목회를 하던 첫해에는 화를 너무 많이
내서 내 생명이 위험할 지경이었다. 결국 나는 이 노동자들의 교회

를 만났고 내가 돌보는 사람들과 동질감을 가질 수 있었다. 교회는 성장하기 시작했고 나는 유명인사가 되어 가고 있었다.

그런데 그렇게 미국에서 12년이나 목회를 하고 있던 내게 갑자기 한국으로 와 달라는 요청이 온 것이다. 그것은 놀라운 일이었다. 이제서야 일이 순조롭게 진행되기 시작했다. 나는 그것이 하나님의 부르심이라는 것을 금방 알았고, 제인도 그랬다. 그러나 그 요청에 바로 대답하지는 않았다. 나는 여름 휴가 때 무역 선원으로 일하면서 항해를 할 예정이었다. 최종 결정은 내가 항해에서 돌아온 후에 내리기로 했지만, 우리의 마음에는 한치의 의심도 없었다. 그리고 항해에서 돌아온 후, 한국의 성공회 주교에게 가겠다고 연락했다.

한국으로 부르시다

내가 한국에서 받은 초대는 성공회 교회를 위한 신학교를 세워 달라는 것이었다. 나는 대학에서 교육학을 전공했는데, 데일리 주교는 교육학 분야에서 학문적 훈련을 받고 12년 동안 목회생활을 하면서 얻은 실제 경험이 그 일에 적합하다고 생각했다. 나는 그 일을 할 수 있다고 생각했지만, 그렇다고 해서 이것이 내가 궁극적으로 할 일이라는 생각은 들지 않았다. 신학교에서 얼마간 보내고 나면 주님이 나를 다른 일로 부르실 것 같았다. 그래서 나는 하나님께 "얼마 동안 여기에 있어야 합니까?" 하고 물었다. 내 생각 속에 분명한 대답이 들렸다.

"7년이다."

이 말은 항상 내 기억 속에 남아 있었다. 그러나 아내에게는 그 말을 하지 않았다. 아내가 알면 혹 불안해할까 싶어서였다. 그러나 때가 되면 우리 두 사람 모두에게 하나님이 분명히 말씀하실 것이라고 믿었다. 지금까지 중요한 일을 결정할 때마다 하나님은 항상 그렇게 해 오셨기 때문이었다.

데일리 주교는 시편 104편 4절 말씀을 신학교의 표어로 정했다. "바람으로 자기 사자를 삼으시며 화염으로 자기 사역자를 삼으시며." 학생들이 성령으로 충만하며 성령의 불로 가득하기를 바라는 마음에서 정한 표어였다. 나는 그러한 목표가 주어진 것이 기뻤다.

신학교를 세우는 일에는 교수를 모집하고 커리큘럼을 짜는 일뿐만 아니라, 필요한 건물을 짓는 일도 포함되어 있었다. 학교에는 우리가 차지하고 있던 비교적 큰 개인 주택 외에는 다른 교실이나 교수 사택이 없었다. 하나님은 건축을 위한 재정을 보내 주셨지만, 어학 공부와 건축 감독을 동시에 할 수는 없는 일이었다. 결국 제인이 어학 공부를 포기하고 신학교에 남아 인부들을 관리하기로 했다. 이것은 우리가 다음에 하게 될 예수원 일을 위해 하나님께서 미리 준비하신 것이었다. 예수원을 시작했을 때 우리와 함께 가겠다고 나선 사람들은 제인과 함께 신학교 건축을 하던 사람들이었다. 그들은 예수원의 초창기 건물들을 짓는 데 필요한 기술이 있었고 그 일에 자원하는 마음이 있었다. 성 미가엘 신학원에서 제인과 함께 일했던 그들은 우리와 함께 광야로 나가기를 자청했던 것이다! 하나님은 당신의 태피스트리(색색의 실로 수놓은 벽걸이)에 모든 것을 알맞게 짜 넣고 계셨다.

존 데일리 주교가 신학 과정에 모집한 후보생들 중에는 대학 교육을 받은 사람이 한 사람도 없었기 때문에, 처음 4년 동안은 그들을 서울 지역에 있는 여러 대학에 보냈다. 그 동안 나는 어학 공부를 할 수 있었고 제인은 새로운 건물의 건축을 꽤 많이 진척시킬 수 있었다.

나는 한국어를 배우는 데 두 가지 장점을 이미 확보하고 있었다. 우선 미국에서 프린스턴 신학교에 다닐 때, 중앙아시아에 선교하러 갈 생각으로 투르크어를 배운 것이 도움이 되었다. 공산주의자들 때문에 그 지역에 선교사 입국이 불가능하게 되자 나는 내가 투르크어를 배우느라 괜히 헛고생을 했다고 생각했다. 그러나 한국에 와서 한국어가 투르크어와 같은 우랄-알타이어 계열에 속한 말로서, 문법이 근본적으로 같다는 것을 발견했다. 둘째로, 한국어의 모든 '어려운 단어' 들은 한자로 되어 있었는데, 그 중 대부분은 내가 어렸을 때 배운 중국어 덕분에 이미 기억하고 있는 말들이었다. 나는 단지 한국식 발음만 배우면 되었다! 오히려 나에게 어려웠던 것은 '쉬운' 한국말, 늘 일상적으로 쓰는 말들이었다. 일상 언어는 내가 공부한 다른 언어들과 공통점이 전혀 없었기 때문에 특히 어려웠다.

나는 학교에서 어학 공부를 하고, 나이 든 학생들에게 개인 교습을 받았다. 그러는 동안 학생들은 신학 공부를 시작할 준비가 되었고 나도 학생들을 가르칠 준비가 되었다. 우리는 1962년에 신학교 과정을 처음 시작했다. 하나님은 모든 장애물을 하나씩 제거해 주섰다. 제인과 나는 하나님이 얼마나 상상력이 풍부하시며, 얼마나 놀랍게 모든 문제에 대한 해결책을 생각해 내시는지에 대해 한 번 더 놀라지 않을 수 없었다!

신학교 생활을 하는 동안 일어난 한 가지 사건을 통해 하나님께서 한국어 성경과 한국어 신학 용어에 대해 가르쳐 주신 매우 중요한 교훈이 있었다. 6.25 전쟁 이후 국가 재건 사업이 일기 시작하던 초기에는 거지 소년들이 많았다. 우리는 그 중 한 아이를 데려다가 신학교에서 양육하며 가족처럼 돌보아 주고자 했다. 나는 이 소년이 갑자기 떠나기 전까지는 신학생들이 이 아이에게 얼마나 거칠게 굴었는지 모르고 있었다. 내게 어학을 가르쳐 주던 나이 든 학생에게 왜 그 아이가 떠났느냐고 물었더니 이렇게 대답했다.

"구속을 견딜 수 없었나 보죠."

그 말을 들은 나는 당황해서 반문했다.

"구속이라니요?"

그는 양손이 수갑에 묶여 풀지 못하는 시늉을 했다.

"그게 '구속'의 뜻이라구요? 그렇다면 왜 하나님이 우리를 구속하셨겠습니까?"

"우리를 겸손하게 하시려고 그랬겠죠, 뭐."

이 대답에 놀란 나는 한영 사전을 찾아보았다. 거기에는 동음이의어로서 '구속'이라는 단어가 또 하나 실려 있었다. 즉 하나는 '자유롭게 하다'라는 뜻이고, 또 하나는 '억압하다'라는 뜻이었던 것이다! 그리고 나서 나는 '자유롭게 하다'라는 뜻을 아는 학생은 하나도 없다는 것과, 그 말은 한자를 아는 신학자들만이 사용하는 용어로서 일상생활에서는 거의 사용되지 않는다는 것을 알게 되었다. 그 당시 신학교 학생들은 교회에서 자라면서 이 말을 평생 들어 왔지만, 그 말이 흔히 쓰는 '체포하다', 혹은 '억압하다'라는 뜻과는 전혀 다른 말이라는 이야기를 한 번도 들어 보지 못했던 것이다. 그러나 지금도 한글 개역 성경은 이 용어를 사용하고 있고, 찬송가와 기도문에도 이 말이 사용되고 있다.

그 때부터 지금까지 나는 한자를 아는 사람만이 알 수 있는 수많은 전문 용어들을 쉽게 알 수 있는 일상 생활 언어로 바꾸는 일을 해 왔다. 물론 이것은 한국어 성경과 한국어 신학 용어만의 문제점은 아니다. 최근에 나는 새로 나온 영어 성경이 영어권 사람들의 문제를 해결한 업적으로 상을 받았다는 기사를 읽었다. "오랫동안 기다려 온 '빛으로 성경'(Into the Light Bible)—불신자들과 교회 용어에 익숙하지 않은 사람들을 위해 특별히 제작된 성경—이 드디어 나왔다. 이 성경은 그 명료함을 인정받아 2000번째 크리스탈 마크 상을 받았다……우리는 매우 중요한 내용을 효과적으로 잘 전달한 이 성경에 매우 큰 감동을 받았으며, 이 책에 2000번째 마크를 기쁘게 수여하는 바이다……이 성경은 한 장 한 장의 의미가 수정처럼 투명하다." 나는 영국에서보다 한국에서 이 일이 더 필요하다고 본다. 이것은 내가 예수원의 행정을 다른 사람들에게 넘겨 주고 나서 작업하고 있는 프로젝트 가운데 하나이다.

앞서 말했듯이 한국에서 성공회 신학교를 다시 세우라는 부르심

"얼마 동안 여기에 있어야 합니까?"—성 미가엘 신학원에서. 1959년.

을 처음 들었을 때 나는 그것이 주님의 음성이라는 것을 알았지만, 이 일이 내가 계속해야 할 일은 아니라는 것 또한 알고 있었다. 나는 속으로 '나는 개척자고 모험가다. 그러나 신학교는 그 정의(定義) 상 과거의 전통을 보존하고 전달하기 위해 존재하는 곳이다. 내가 이러한 자리에서 얼마 동안 견딜 수 있을까?' 라고 생각했다. 물론 초기 몇 년 동안은 정말 개척하는 일을 하리라는 것을 알았다. 그러나 얼마 지나지 않아 내게 적합하지 않은 일을 할 때가 올 것이다. 그래서 나는 "얼마나 오래 여기에 있어야 합니까?"라고 주님께 물었던 것이다.

6년이 지났다. 우리는 너무 바빠서 장기적인 우리의 미래에 대해서는 아무런 생각을 할 틈이 없었다. 우리는 관리, 건축, 어학 공부, 학생 모집과 같은 일을 했을 뿐만 아니라, 나는 매년 다른 과목을 가르쳐야 했다. 동료 교수들이 자신에게 가장 적절한 과목을 선택하고 난 나머지 공백을 내가 메꾸어야 했기 때문이다. 나는 전문 분야가 없는 유일한 교수였기 때문에 어떤 것이든 남는 과목들을 가르쳤다. 우리는 신학생들뿐 아니라 학부 과정을 밟는 동안 우리와 함께 사는 학부생들도 돌봐야 했다. 어머니와 아버지 역할을 해야 했던 제인과 나는 한시도 긴장을 늦출 수가 없었다.

우리가 아쉬워했던 것 한 가지는 늘 꿈꾸어 왔던 실험실을 세울 수 없다는 것이었다. 우리는 한 개인과 하나님과의 관계가 실험되고 증명될 뿐만 아니라, 개인과 다른 그리스도인들과의 관계, 그리고 기독교 공동체와 바깥 세상과의 관계가 실험되고 증명되는 실험실을 만들고 싶었다.

성 미가엘 신학원을 시작한 지 얼마 되지 않았을 때 영국 캔터베리에 있는 성 어거스틴 대학에 가서 1년을 보내게 되었다. 거기서 우리는 세계 각지에서 온 교회 지도자들을 만날 수 있었는데, 그것은 참으로 좋은 경험이었다. 우리는 아름다운 시골 지역에서 기독교 공동체가 운영하는 수양회관 리 애비(Lee Abbey)에도 갔다. 우리는 이 곳에서 나중에 예수원을 설립할 때 필요한 아이디어를 많이 얻었다. 주교는 우리가 영국 교회의 '분위기'를 익히기 원했다. 우리가 같이 일하는 다른 모든 선교사들이 다 그 곳 출신이었기 때문이다. 성 어거스틴 대학에서 공부하면서 보낸 1년은 참으로 많은 자극을 받은 한 해였다. 그 곳의 학생들은 세계 각지에서 왔기 때문에 다양한 문화가 공존하는 분위기가 형성되어 있었다. 우리는 영국 교회의 맛을 보는 대신 세계적인 성공회 교회의 맛을 보았다. 우리는 그 분위기를 좋아했다.

거기에 있는 동안 나는 신학 교육에 대한 논문을 썼는데, 그 논문에서 신학은 실험실의 환경에서 가르쳐야 한다는 생각을 전개했다. 나는 세 가지 실험실을 제안했다. 첫째는 학생과 하나님과의 관계이며, 둘째는 학생과 동료 학생들 사이, 즉 개인과 기독교 공동체와의 관계이며, 셋째는 기독교 공동체와 바깥 사회, 도시, 국가와의 관계였다. 이 논문으로 나는 상을 받았다.

그러나 신학교에 돌아와서는 반대에 부딪쳤다. 학생들은 자신들은 책을 읽을 것이며, 책에서 읽은 것이나 강의에서 들은 것으로 시

성 어거스틴 대학에서 보낸 1년은 참으로 많은 자극을 받은 한 해였다.
－대학 앞에서. 1960년.

험을 보겠다고 단호하게 말했다. '책으로 배우는 것'만으로도 충분하다는 주장이었다. 그러한 반응을 본 나는 하나님께서 말씀하신 7년이라는 기한에 상관없이 이 곳을 떠나야겠다고 마음먹었다.

우리 부부는 동네 사람들과 친분있게 지냈고 많은 사람들이 우리에게 배우러 왔지만, 그것은 우리가 할 일이 아니라는 말을 들어야 했다. 또 학생들의 개인 기도 생활과 상호 교제에 관여치 말고 학문적인 일에만 전념하며 '신비주의'를 멀리하라는 지시를 받았다. 그 결과 학생들을 격려하며 학문을 가르치는 일 저변에 만족하지 못하는 마음이 흐르게 되었다. 이러한 불만은 겉으로는 거의 드러나지 않았지만, 우리 안에 분명하게 자리잡고 있었다. 우리는 일을 제대로 하고 있지 않다는 생각이 들었다. 그저 빈 집만 짓고 있을 뿐이지 하나님의 성전을 짓고 있는 것이 아니라는 생각이 잠재의식 속에 있었다. 나는 7년이 되면 하나님이 우리를 다른 일로 부르시리라는 것을 알고 있었으므로 제인보다 조금 덜 힘들었을 수도 있지만, 그 문제를 가지고 함께 의논할 수 없었기 때문에 사실은 아내와 마찬가지로 힘들었다.

신학은 책에서 배우는 것이 아니라 실험실에서 배우는 것이라는 내 신념에 따라 나는 신학교에서 가까운 곳에 작은 교회를 하나 세웠다. 우리는 신학교 건물에서 이 새로운 교회를 시작했는데, 오랜 시간이 걸려서야 동네 중심부로 독립해 나갈 수 있었다.

제인과 나는 성령 충만한 사람들과의 교제에 갈급했기 때문에 가끔 순복음 교회 선교사들과 만나곤 했다. 그들은 우리에게 한 신학생에 관한 이야기를 해 주었는데, 그 신학생은 놀라운 간증을 하는 사람이고 하나님을 향해 정말 불이 붙은 사람이라고 했다. 그들은 우리를 학교 구내 끝으로 데려가서 언덕 아래에 있는 한 천막을 가리키며, 거기서 그 신학생의 설교를 들을 수 있다고 했다. 그리고 그 신학생은 신학교를 졸업하기도 전에 이미 하나님이 놀랍게 사용하셔서 신자들을 모으고 치유 사역도 하고 있다고 했다. 그의 이름은 조용기였다. 우리는 그를 초청해서 우리 학생들에게 설교해 달라고 했지만, 우리 학교 학생들은 별 감명을 받지 못했다. 주교가 우리 신학교 표어를 통해 보여 준 그의 꿈에도 불구하고 학생들은 성령과는 아무런 관계도 갖고 싶어하지 않았다.

1963년에는 캐나다의 토론토에서 세계 성공회 회의가 열렸다. 세계의 모든 성공회 교회 관구에서 평신도와 목회자, 주교가 각각 한 사람씩 참석했다. 이것은 그 동안 열렸던 유사한 회의 가운데 가장 큰 회의였으며, 나에게는 참으로 기대되는 회의였다. 성공회가 이제는 단지 영국과 영국 식민지 부속 국가의 국교로만 머물지 않고, 전성기를 맞아 하나님의 부르시는 새로운 모습, 그 나름의 소명을 가진 세계적인 교회로 태어나는 계기가 되리라고 나는 생각했다. 특히 아프리카와 아시아의 대표자들이 참석했다는 것이 기뻤다. 그러나 우리 백인들이 하나님이 말씀하시는 바를 제대로 이해하려면 아직도 여러 해가 걸릴 것이라고 생각했다. 11년 뒤에 캔터베리에서 성공회 은사 회복 운동의 후원으로 회의가 열렸는데, 나는 거기에서 토론토의 약속이 성취되는 것을 보았다.

세계 각지에서 참석한 각 민족의 대표들은 식민주의를 의식하지 않은 채 서로의 말을 진지하게 들었으며, 영적인 교제를 풍성히 나누었다. 아프리카에서 열린 GCOWE '97은 세계 교회를 이 약속의 성취에 더 근접시켜 주었다. 세계 교회는 성숙해 가고 있다. 이것을 지켜보는 것은 참으로 흥분되는 일이다.

토론토 회의가 열리기 직전에 데일리 주교와 나는 온타리오에 있는 한 친구의 집을 방문했다. 거기서 함께 이야기를 나누고 있는데, 갑자기 주님이 내게 "사표를 내라!"고 말씀하신다는 것을 깨달았다. 나는 속으로 '주님, 당신은 7년이라고 하셨는데, 아직 6년밖에 안 되었습니다'고 말했다. 그 즉시 주님께서 "나와 논쟁하지 말라. 사표를 내라"고 말씀하시는 것을 들었다. 그러나 나는 논쟁을 계속했다. 나는 제인이 충격을 받을 것이라고 생각했다.

'주님, 갈 곳도 없고 비행기 삯도 없이, 아내와 아이를 부양해야 할 가장으로서 아내와 한마디 상의도 없이 자기 직업을 포기하는 남자는 없습니다!'

주님은 즉각적으로 분명하게 말씀하셨다.

"네 아내의 문제는 내가 책임지마. 너는 사표를 내라."

그래서 나는 주교에게 말했다.

"이제 학교를 떠나고 싶습니다. 주님이 나를 평신도의 일로 부르시는 것 같습니다."

무슨 말을 해야겠다고 계획하거나 생각하기도 전에 내 입에서 그냥 튀어나온 말이었다. 나는 성령님이 내게 지식의 말씀을 주고 계시며, 앞으로 가야 할 방향에 대해 힌트를 주신다는 것을 깨달았다. 데일리 주교는 그 자리에서 내 사임을 받아들였지만 "1년은 더 일해 주십시오. 지금 공부하는 학생들이 졸업할 때까지만 말입니다"고 말했다. 주님이 나를 슬쩍 찌르시며 "그것 봐라, 7년이지!"라고 말씀하시는 것 같았다.

나는 그에게 내가 아내에게 직접 이 이야기를 하기 전까지는 내 사임에 대해서 아무에게도 말하지 말아 달라고 부탁했고, 그는 그렇게 하겠다고 했다. 그런데 불행히도 아내에게 그 말을 할 용기를 내기까지 너무 오랜 시간이 걸렸고, 내가 이미 말을 했으리라고 생각한 주교는 그 이야기를 다른 사람에게 흘려 버렸다. 제인이 내게 "당신이 사임한다는 말이 무슨 말이에요?" 하고 물었을 때, 나는 갑자기 무슨 말을 해야 할지 몰라 더듬거렸다. 그것은 정말 말이 안되는 일이었던 것이다. 제인은 내가 언제 그런 생각을 했는지 물어보았다. 나는 달력을 꺼내 그 날짜를 찾았고, 제인은 잠시 생각하더니 말했다.

"맞아요. 나도 그 날 같은 생각을 했어요."

주님은 다시 한 번 나를 슬쩍 찌르셨다. 나는 하나님이 "그것 봐라, 내가 말했지 않느냐!"고 말씀하시면서 미소 지으시는 모습을 보는 것만 같았다.

그 때 내가 누린 안도감과 기쁨은 말로 다 표현할 길이 없다. 이제는 그 동안 밑바닥에 흐르던 불만을 인정하고 표현하며 새로운 일을 계획할 수 있게 된 것이다. 드디어 우리는 우리가 가장 하고

싶어했던 일―하나님이 실재하시며 예수님이 살아 계시고 성령 또
한 살아 계심을 믿는다고 해서 우리의 일거수 일투족을 지켜보며
우리를 '신비주의자'라고 부르던 사람들과 서울을 멀리 떠나 산으
로 가는 일―과 하나님이 우리에게 원하시는 일이 일치한다는 것
을 깨달았다! 그 일이 결정되었을 때 얼마나 기뻤던지!

예수원

그 해가 지날 무렵, 우리는 주님이 우리를 어떤 일로 부르시는지 분명하게 알게 되었다. 우리는 예수원을 시작할 준비가 되어 있었다. 우리는 그것이 정말 하나님이 우리에게 원하시는 일인지에 대해 한 번도 의문을 품지 않았다. 우리는 처음부터 34년이 지난 지금까지 항상 확신 가운데 있었다. 그리고 그 확신 때문에 많은 어려움 가운데서도 흔들리지 않고 견고할 수 있었다.

물론 우리에게는 생활비뿐 아니라 이사를 가거나 땅을 사거나 집을 지을 돈이 턱없이 모자랐다. 하나님께서는 성 미가엘에서 우리에게 보장해 주신 '2년 동안'의 월급을 7년으로 연장시켜 계속 공급해 오셨다. 그러나 지금 시작하는 이 새로운 일, 어느 기관의 공식적인 프로젝트도 아닌 이 일을 할 때에도 계속해서 우리의 필요를 공급해 주실까?

그러나 우리는 오랫동안 고민할 필요가 없었다. '어느 날 갑자기'
플로리다의 세인트피터스버그에 있는 연합 세계 선교회 사무실에서
편지가 왔는데, 미국 알루미늄 회사에서 우리에게 주식 얼마를 보
내 왔다는 내용이었다. 그 당시에는 그것을 보낸 사람이 누군지 몰
랐다. 나중에 가서야 기도 목록에서 우리 이름을 본 어느 여성이 우
리에게 그 주식을 주라는 하나님의 지시를 받고 보낸 것이라는 사
실을 알 수 있었다. 그 액수는 몇천 달러에 이르렀다. 이것은 하나
님이 우리에게 필요한 것을 공급해 주시겠다는 신호였다.

우리는 안식년에 미국으로 가서 우리의 프로젝트를 알렸다. 그
때부터 하나님께서는 생활비, 여행비, 땅을 살 돈, 건물을 지을 돈
등 우리의 모든 필요를 채워 주셨다.

그 안식년에는 한 살 난 옌시 클레어(Yancey Clare)가 우리와 동
행했다. 옌시는 생후 6개월 됐을 때 기도의 응답으로 우리가 얻은
딸이다. 제인은 "주님, 우리에게는 벤밖에 없는데, 벤은 열세 살(한
국 나이 열다섯 살)입니다. 우리가 딸을 하나 갖는 것이 합당하다면,
우리에게 맞는 아이를 우리 집 문 앞에 데려다 주세요"라고 기도했
다. 킨슬러 선교사가 우리 집에 이 소중한 아이를 데려다 주었을 때
의 놀라움과 경외감을 지금도 잊을 수 없다. 우리는 제인의 이모인
프랜시스 옌시 스미스와 제인의 언니인 프랜시스 옌시 그레이의 이
름과, 내 여동생과 할머니의 이름을 따라 이 아이의 이름을 '옌시
클레어'라고 지었다.

우리는 여행을 하면서 기도의 집을 지으려는 우리의 계획을 사람들에게 알리고, 우리 두 자녀를 친구들과 친척들에게 자랑하는 기쁨을 누렸다. 제인과 옌시는 내가 여행하는 동안 대부분의 시간을 세인트시몬 섬에서 보냈다.

나는 가족들보다 먼저 한국으로 돌아왔고, 돌아오자마자 적당한 지역을 물색하기 시작했다. 여러 친구들이 의견을 내놓았는데, 나는 지도를 보고 연구한 후 비무장지대에서 제주도 사이에 있는 7개의 지역을 방문하고 점검했다! 내가 원했던 지역은 산과 숲의 아름다움을 즐길 수 있고, '문명'이 우리를 둘러싸지 않을 국유림이었다! 드디어 나는 데일리 주교가 광부들 사이에서 일을 시작하고 있었던 황지 근처에서 그런 곳을 찾아낼 수 있었다. 이 땅은 국유림까지 뻗쳐 있으면서도 도시와 도로에서 가까워 찾아오기가 쉬웠다. 또 거기에는 좋은 수원지가 있었고 땅이 아주 기름졌다.

그러나 문제는 땅 주인이 어떠한 합리적인 가격에도 그 땅을 팔려 하지 않는다는 것이었다. 나는 거의 포기하기에 이르렀다. 그런데 성 미가엘에서 첫해에 가르쳤던 학생이자 이제는 내 동료인 최요한 형제가 나더러 황지에 머물면서 기도하고 있으면 그 동안 자신이 하사미로 돌아가서 한 번 더 땅 주인을 설득해 보겠다고 했다. 샬롯에 있는 한 친구가 우리에게 보통 가격으로 땅을 살 만한 선물을 주었는데, 땅 주인은 우리가 금을 발견했으며 여기에 금광을 차릴 것이라고 생각했다! 요한은 우리가 금광을 캐는 사람이 아니라는 것을 확신시키고, 우리가 지불할 수 있는 가격에 땅을 팔아 달라고 부탁해 볼 작정이었다.

나는 요한의 제안이 마음에 들었다. 그래서 나는 황지에 남아서 기도했고, 요한은 하사미로 돌아가 땅 주인과 이야기를 나누었다. 오후 늦게 돌아온 요한은 거래가 성사되었다고 말했다!

나중에 우리는 제인이 바로 그 시간에 미국에서 어떤 기도 모임에 참석하여, 예수원 장소를 찾는 일을 위해 기도 부탁을 했다는 것을 알았다. 그들이 기도하는 가운데 한 나이 든 부인이 환상을 보았다. 내가 불이 타는 십자가를 지고 언덕을 힘겹게 올라가는데 그 주위로 어두운 형상들—낙담의 영—이 나를 끌어내리려고 했다. 그런데 그들이 기도하는 중에 내가 언덕의 정상에 오르는 것을 본 것이다. 그 부인은 다른 사람들에게 그 환상에 대해 이야기했고, 그들은 내가 그 날 어떤 힘겨운 상황에서 승리했다는 결론을 내렸다.

실제로 그 곳을 처음 보던 날, 산 중반쯤 올라갔을 즈음하여 '이제 집에 왔구나' 하는 생각이 갑자기 들었다. 그래서 그 땅을 사려고 계속 시도를 했던 것이다. 그러나 내가 포기했을 때 '다시 해 보겠다' 고 한 사람은 내가 아니라 요한이었다.

그 때부터 지금까지 우리의 삶은 기적의 연속이었다. 우리는 한 번도 돈을 달라고 요청한 적이 없었고 돈이 부족하다는 사실을 사람들에게 말한 적이 없었는데도 하나님은 항상 필요한 것을 공급해 주셨다. 우리가 집에 있는 마지막 음식까지 다 먹었을 때도 있었지만, 하나님은 항상 다음 끼니에 맞게 무엇인가를 보내 주셨다. 그분은 또한 우리와 함께 일할 사람도 보내 주셨다. 성령강림주일에

서부터 11월 말까지 나하고 벤과 함께 천막에서 살았던 12명의 젊은 남자들을 보내 주신 것으로 시작해서 하나님은 지금까지 계속해서 사람들을 보내 주고 계신다.

예수원의 위치를 정했을 때, 우리는 누가 우리와 함께 일할지 전혀 알지 못했다. 그 당시 십대 중반이었던 벤과 나는 군용 천막을 사고 나서, 친구들과 지인(知人)들에게 우리가 강원도에 가서 기도의 집을 시작할 것이라고 말했다. 놀랍고 기쁘게도 12명의 남자들이 우리와 함께 가겠다고 자원했다. 그들은 신학교 근처에 있는 동네 교회를 통해서 우리를 알았거나, 신학교 건축 때 우리를 도와 주었던 사람들이었다.

외나무골에 있는 현장에 도착해 하룻밤을 지내고 나서 우리는 농사와 집을 짓기 위한 일들을 해 나가기 시작했다. 우리 중에는 농부가 6명, 건축 기술자가 6명 있었기 때문에 나머지 두 사람(벤과 나)은 팀장이 되어야 했다! 그들은 하나님이 선택해서 보내 주신 사람들이었다.

처음부터 우리는 기도의 생활을 시작했다. 아침 첫 시간에는 성공회 기도책을 가지고 기도와 성경공부를 하고, 정오에는 30분 동안 교회와 국가와 우리가 아는 사람들 중 특별 기도가 필요한 사람들을 위해 중보기도를 하고, 매일 저녁 식사 후에는 저녁 프로그램을 가졌다. 몇 명을 제외하고는 거의 다 비교적 새신자들이어서 우리는 매우 고무적인 토론을 많이 할 수 있었다.

그 그룹 중에 가장 어린 축에 속하는 사람은 교회에서 자란 사람이었는데, 그는 매우 열의에 차서 이 일을 자기의 평생 업으로 삼겠노라고 내게 말했다. 나는 그에게 감사했지만, 그가 공동체로 살면서 일어나는 모든 일을 이해하기에는 너무 어리고 경험이 없다는 사실을 기억해 두었다. 몇 달 후 우리가 아직 천막에서 살고 있을 때, 그는 떠나겠다고 했다. 나는 실망하기는 했지만 놀라지는 않았다. 전에 했던 약속을 상기시켰더니 그는 "맞아요. 그렇게 말했어요. 하지만 이렇게 힘들 줄은 몰랐어요!"라고 대답했다. 나는 그 이상 말하지 않고 작별 인사를 했다. 그가 산을 내려가는 것을 보면서 나는 생각했다.

'또 누가 떠나겠다고 할까? 결국 아무도 남지 않는 것은 아닐까? 어떻게 이 일을 다 끝내나……'

그 젊은이가 길이 꺾인 부분을 지나 시야에서 사라졌다. 그런데 다른 한 사람이 언덕을 올라 우리 쪽으로 오는 것이 보였다. 그는 내가 서 있는 곳까지 오더니 인사를 하고서 "일하러 왔습니다"라고 말했다. 하나님을 찬양하라!

그러한 일이 오늘날까지 반복되고 있다. 누가 떠났을 때 그 사람의 자리를 대신 채울 수 없으리라는 생각에 아무리 낙담이 되어도, 하나님은 그의 자리를 대신할 누군가를 보내 주셨을 뿐 아니라 넘치도록 채워 주셨다. 처음에 12명으로 시작한 예수원이 이제는 30명의 자녀들을 빼고도 60명이나 되니 말이다!

봄이 지나 여름이 되고 가을이 되면서 우리는 서리가 내리기 전에 천막 생활을 면할 수 있도록 집을 완공하자는 얘기를 하기 시작했다. 그러나 서리가 내렸을 때에도 우리는 여전히 천막에서 살고 있었다. 우리는 이제 "눈이 오기 전에는 집에서 살게 될 거야"라고 말하기 시작했다. 그러나 첫눈이 내리고도 우리는 여전히 천막에 살고 있었다!

집을 짓는 시간을 쪼개서 천막 안에 온돌을 설치했기 때문에 모두들 처음부터 온돌에서 잘 수 있었고, 편안하게 지낼 수 있었다. 그 온돌 바닥은 중국인들이 '강'이라고 부르는 것을 본따서 만든 것이었는데, 벽돌(진흙으로 만든 벽돌이어도 된다) 위에 잠자리를 마련하고 그 아래 불을 지피는 것으로서, 한국 온돌 바닥보다 가파르고 높았다. 그 시설은 별 탈 없이 잘 작동되었다.

드디어 11월 말에 우리는 집으로 이사할 수 있었다. 건축팀은 온돌방 하나를 완성했고, 우리는 그 방을 침실 겸 회의실로 사용했다. 그 방에는 나무를 때는 커다란 벽난로도 있었다. 우리가 사는 곳 주변에는 벌목 작업을 하고 난 후 남은 나뭇가지들이 많이 있었고, 우리가 농토를 만들기 위해 개간한 땅에서 거둬 낸 나무들도 좋은 땔감이 되었다. 우리는 그 불 앞에 즐겨 앉아서 이야기를 했다. 나는 매주일, 그 날을 위한 서신서와 복음서에 기초한 설교 외에는 다른 강의를 하지 않았다. 벽난로 주변에 둘러앉아 대화를 하는 시간이 강의 시간이나 마찬가지였다. 사람들은 자신들이 사실은 교실에 앉아 있다는 것을 의식하지 못한 채 잘 배워 나갔다.

12월 말 동지 무렵에 우리는 두 번째 온돌방을 완성했고, 제인과 아벨(아벨은 건축팀의 팀장이었다) 형제의 아내, 그리고 우리 딸 옌시

드디어 11월 말에 우리는 집으로 이사할 수 있었다.
－대기도실(현재 도서실)을 건축하고 있는 모습. 1965년.

는 황지에 있는 집을 처분하고 우리와 함께 살러 왔다. 얼마 후 몇 몇 젊은 여성들이 우리와 합세했고, 요리와 빨래와 기타 집안일을 도울 사람이 생겨서 모두 무척 기뻐했다. 우리는 여자들이 잘 수 있는 곳을 만들기 위해 새로 지은 집 가까이에 천막을 옮기고 거기에 온돌을 깔았다.

그런데 천막에서 첫날밤을 보낸 여자들이 너무 추웠다고 불평을 했다. 그래서 벤은 "내가 불을 땔게요"라고 말하고는 곧바로 온돌 아래 불이 활활 타게 해 놓았다. 그 때 아랫목에는 이불과 요가 쌓여 있었는데, 방에 불을 때자 이불이 열기를 흡수하면서 과열되기 시작했다. 저녁 기도 모임 도중에 갑자기 불빛이 번쩍하더니 이불이 화염에 싸이면서 천막에까지 불이 붙었다. 천막 전체가 불에 타버렸고, 여자들의 옷가지도 다 타 버렸다. 우리는 이 일을 통해 중요한 교훈을 얻었다. '아랫목에 이불을 쌓아 놓지 말 것!'

하나님은 우리를 불쌍히 여기셔서 잃어버린 것을 다시 장만할 수 있도록 재정을 보내 주셨다. 우리의 어리석음 때문에 당한 일이었지만 자비로우신 하나님은 모든 필요를 채워 주셨다.

새 집(우리는 여러 해에 걸쳐서 이 집을 지었고, 계속해서 별채를 덧붙여 나갔다)에 이사온 지 1년이 채 되지 않아 제인이 해산을 위해 서울 세브란스 병원으로 갔다. 나는 딸을 하나 더 얻어서 무척 기뻤다. 우리는 이 아이를 제인의 어머니와 나의 어머니의 이름을 따서 드버니어 자넷(Deberniere Janet)이라고 이름지었지만, 사람들은 다 모두 '버니'(Bunny)라고 불렀다. 버니는 태어난 지 일주일 만에 예수원으로 왔고, 버니와 옌시는 예수원에서 자라면서 하사미 분교에 다녔다. 집에서 영어 교육을 보충한 이 아이들은 한국어와 영어를 모국어처럼 할 수 있게 되었다.

하나님은 우리에게 다양한 사람들을 보내 주셨다. 죄를 지은 소년, 깡패, 목사 지원자, 가족이 한국에서 일하는 젊은 미국인, 시골 사람, 도시 사람, 일류 교육을 받지 못한 사람, 대학원 과정을 마친 사람들이 골고루 찾아왔고, 하나님은 성령님을 보내 주셔서 우리 모두가 한 코이노니아, 한 교제로 묶여 중보 기도의 집을 짓기 위해 서로 손을 잡게 하셨다.

하나님께서는 초창기부터 사람들을 보내셔서 이들이 예수님을 만나게 하셨다. 초기에 찾아온 미국의 십대들은 대개 마을 사람들이 대마를 재배한다는 말을 듣고 온 아이들이었다. 대마는 원래 옷감을 만드는 재료인데, 이 아이들은 그것을 가지고 마리화나를 만들어 피웠다. 이들은 하나님을 찾아온 것이 아니라, 마리화나를 구하러 왔다. 그러나 하나님은 놀랍게도 그들 모두를 만나셔서 그들의 마음을 돌리셨고, 그분을 향해 불붙는 마음을 주셨다. 그들 대부분이 지금은 목사나 선교사 등의 다양한 모습으로 하나님을 섬기고 있다.

하나님은 또한 우리에게 동아시아와 그 너머의 세계에까지 이르는 선교의 비전을 주셨고, 우리에게 수천 명(많게는 1년에 10,000명까지)의 사람들을 보내 주셔서 우리가 그들의 기도로 격려받으며 그들도 우리를 통해 격려받게 하셨다. 그러는 동안 하나님은 우리가

여기서 사람들은 하나님을 개인적으로 만났으며 그들의 인생은 근본적으로 변화했다. - 세례를 받고 기뻐하는 한 형제의 모습. 1972년.

신학교에서는 실천할 수 없었던 신학의 실습실을 가르치고 계셨다. 여기서 사람들은 하나님을 개인적으로 만났으며 그들의 인생은 근본적으로 변화했다(초기 몇 년 동안에 85명의 범죄자나 깡패들이 이 곳에 다녀갔으며, 그 후 건전한 생활을 꾸리고 있다). 이들은 성령으로 충만해졌고, "누구든지 하나님을 사랑하노라 하고 그 형제를 미워하면 이는 거짓말하는 자니, 보는 바 그 형제를 사랑치 아니하는 자가 보지 못하는 바 하나님을 사랑할 수가 없느니라"(요일 4:20)는 말씀의 뜻을 배웠다.

또한 우리는 하나님이 우리 주변의 '실제' 세계 속에서 우리를 사용하실 수 있다는 사실을 부분적으로나마 증명했다. 그 '실제' 세계는 광부들과 농부들의 세계였고, 나아가서는 멀리 있는 큰 도시도 포함하는 세계였다. 하나님은 이 모든 곳에 우리가 영향을 미치게 하셨다.

하나님이 우리를 이러한 삶과 사역으로 부르신 것에 감사한다. 개척 사역은 멈추지 않고 있고, 흥분도 가라앉지 않고 있다. 만약 우리가 하나님을 전적으로 의존하지 않고 스스로 이 모든 것을 처리한다면, 하나님의 약속이 사실이라는 것을 결코 깨닫지 못할 것이다!

공동체로 모인 사람들

하나님이 우리에게 보여 주신 '공동체'의 개념을 이해하고, 하나님이 자신을 그러한 삶으로 부르셨다는 것을 확신하는 사람들이 예수원에 모이기까지는 여러 해가 걸렸다. 많은 사람들이 예수원 짓는 일을 도와 주었다. 이 일이 무슨 일인지 구체적으로 모르면서도 그저 하나님께 순종하는 마음으로 돕는 사람들도 있었다. 몇 개월 동안만 함께 일하고 돌아간 사람들도 많았고, 자기 인생 중 6년에서 10년을 투자해 우리의 시작을 도운 이들도 있었으며, 이 공동체의 영구 회원으로 헌신한 이들도 있었다. 우리는 모두 한몸의 지체로 부름받기 때문에, 하나님은 각 사람을 사용하셔서 그들이 고유하면서도 공동체에 필요한 역할을 하도록 하셨다.

우리가 예수원을 시작한 지 얼마 되지 않았을 즈음, 조알버트(조병호) 목사는 강원도에서 가장 외딴 마을이라고 할 수 있는 가수리에서 목회를 하고 있었다. 그는 서울에서 일하자는 신학교 동기 조용기의 청을 거절하고, 깡패들과 범죄자들이 법망을 피해 숨어 들어간다고 알려진 마을들을 찾았다. 그 중에서 그는 가수리에 정착했고, 그 곳에 몰려들었던 깡패들은 얼마 되지 않아 이전의 신분을 벗어 버리고 사회로 돌아가 건전한 생활을 하게 되었다. 그들 중에는 목회자와 선교사가 된 이들도 많았다. 이처럼 거기서 몇 년 간 효과적인 개척 사역을 하던 그는 하나님의 인도하심에 따라 우리를 도와야겠다고 마음먹게 되었다. 그와 그의 가족들은 월급도 특권도 기대도 없이 우리와 함께 고생하며 하나님께 쓰임받기 위해 예수원으로 왔고, 하나님은 그들을 가장 효과적으로 사용하셨다. 그들 부부는 예수원에서 막내아들을 낳았다.

그 당시 하나님께서는 우리로서는 이해하기 어려운 방법(요 16:13)을 통해 우리를 인도하셨다. 양을 키우던 한 선교사가 건강이 좋지 않아 쉬어야 했기에 우리에게 그의 양을 가져가 달라고 부탁해 왔다. 이것을 하나님의 뜻이라고 생각한 우리는 낡은 군용 트럭을 끌고 장마로 무너진 산길을 가서 양을 가지고 예수원으로 오느라고 두 번의 끔찍한 여행을 해야 했다.

그러나 얼마 되지 않아 예수원에서 이 양들을 돌볼 수 없다는 사실이 분명해졌다. 그래서 갈전에서 강가의 목초지에 교회를 지은 한 목사님이 양을 그 곳에 데려다 놓아도 된다고 했을 때, 우리는 그의 호의를 받아들였다. 그런데 겨울을 무사히 지내고 양털을 깎으려고 할 즈음에 남자 몇 명이 찾아와서는, 그 양이 원래 법조계에 있는 누구의 소유이므로 그에게 돌려주어야 한다고 말하는 것이었다! 양을 돌보기 위해 갈전에 가 있던 정보스코는 목수이면서도 늘 양을 가지고 싶어했는데, 양을 주인에게 돌려주고 난 후에 예수원으로 돌아와서 건축 일을 해야 했다.

예수원에서 4년을 보낸 후 조 목사는 갈전으로 이사했다. 그는 하나님이 내려 주시는 참된 복으로 교회를 목회했을 뿐만 아니라, 교회 옆에 '분원'을 지어 특히 대학생들에게 효과적인 사역을 했다. 분원에서 6년을 보낸 후 하나님이 갑자기 조 목사 가정을 서울로 부르셔서 우리는 매우 충격을 받고 안타까워했다. 하나님은 조 목사의 자리를 다른 사람으로 대체하지 않으셨다. 우리는 하나님이 어느 누구의 자리도 다른 사람으로 대체하지 않으신다는 것을 알고 있다. 각 사람은 고유한 존재이며 그만이 할 수 있는 고유한 역할이 있는 것이다. 우리는 하나님이 조 목사 가정을 통해 10년 동안 우리에게 사역하신 것에 감사한다.

조알버트가 우리와 함께 지낸 첫해에 다른 목사 한 사람이 우리와 합세했다. 나는 그가 우리를 찾아온 동기가 순수하지 않다는 생각에 마음이 불편했지만, 어떻게 해야 그가 순순히 떠날지 알 수가 없었다. 하루는 그가 매물로 나온 트럭을 한 대 발견했다고 말했다. 그 때 우리는 트럭이 매우 필요했지만 돈이 없었기 때문에 빚을 지지 않고 하나님이 돈을 보내 주실 때까지 기다리기로 한 상태였다. 그에게 돈이 없다고 하자 그는 우리가 일단 '할부'로 트럭을 구입

한 다음에 매달 일정한 액수를 내면 된다고 하면서, 우리가 돈을 내지 못하면 언제든지 트럭을 돌려주면 되니까 이것은 빚을 지는 것이 아니라고 우겼다. 나는 첫달 할부금을 지불할 돈도 없다고 말했다. 그는 예수원이 한 달에 600불로 생활을 하는데, 조금만 더 아껴 쓰면 500불을 가지고도 살 수 있으니 남는 100불을 트럭 할부금으로 내면 된다고 했다. 나는 물었다.

"만약 하나님이 500불만 보내 주시면 어떻게 하려고 합니까?"

"지금까지 계속해서 600불을 받아 왔는데요, 뭘. 그런 일은 없을 겁니다!"

그런데 그런 일이 일어났다. 바로 그 달부터 우리의 수입은 500불로 줄었고, 결국 그 트럭 할부금을 낼 길이 없어졌다. 하루는 그 트럭이 길에서 미끄러져 강둑 위에서 뒤집혔다. 그는 "이제 어떻게 하지요?"라고 물었고, 나는 "트럭 주인에게 와서 가져가라고 하세요!"라고 말했다. 그는 사임했다.

그가 떠나려고 짐을 싸는 동안에 미국에서 1,000불짜리 수표가 왔다. 하지만 나는 그가 갈 때까지 아무에게도 그 사실을 알리지 않았다! 결국 우리는 그 돈으로 낡은 트럭을 한 대 살 수 있었고, 그 트럭은 꽤 오랫동안 유용하게 쓰였다. 전체 수입도 다시 올라갔다!

예수원에는 조 목사 가정 외에 김모세 할아버지 가정도 있었다. 김모세는 한때 대도시의 지도자였다. 그의 아내 로이스는 그리스도인이었고, 맏딸은 목사와 결혼했다. 그러나 김모세 자신은 고집스럽게 하나님을 거부하다가 혼란에 빠져 거의 죽을 지경이 되어서야

김모세는 한때 대도시의 지도자였다.
ー모세 할아버지를 위해 기도하고 있는 대천덕 신부. 1977년.

비로소 하나님을 믿게 되었다. 결국 그는 하나님께 순복했고, 하나님은 그를 완전하게 치유하셔서 성령님으로 채워 주셨으며, 예수원으로 보내 주셨다. 처음에 그는 총무로 예수원을 섬기다가 나중에는 부원장으로 섬겼다. 내가 안식년을 맞아 미국에 가서 예수원에 목회자가 없었을 때 그는 달리 주교로부터 성공회 사제로 서품을 받았고, 하나님이 갑자기 본향으로 부르실 때까지 영적인 목자로서 예수원을 섬겼다.

그 후 주예레미야(주철주)가 부원장으로 임명되었다. 로이스 할머니(장인자 권사)는 계속 남아서 새로 임명된 부원장을 보좌하며 예수원 전체에 기둥 같은 역할을 했다. 하나님은 1986년 12월에 장 권사님을 본향으로 데려가셨다. 하나님이 사람들을 옮기시거나 본향으로 데려가심으로써 비게 된 공간은 결코 완전하게 채워지지 않았지만, 하나님은 그 사람 대신에 두세 명의 다른 사람들을 일으켜 세우셔서 필요한 일들을 감당하게 하셨다.

어떤 것을 새롭게 개척하는 것과 이미 이루어 놓은 것을 운영하는 것 사이에는 근본적인 차이가 있다. 개척은 변화시키는 것으로서 같은 일을 할 필요가 없다. 어떠한 개척자의 자리도 다른 사람으로 대체할 필요가 없는 것이다. 그러나 일단 개척한 후에 필요한 사람은, 개척자가 이루어 놓은 그 곳에서부터 시작하여 하나님이 어떤 새 일이나 새 방향으로 인도하시든 간에 그가 이끄시는 대로 따라가는 사람이다.

우리가 진행했던 프로젝트 가운데 하나는 낙농업이었다. 우리에게는 몇 마리의 젖소가 있었기 때문에 시작이 좋다고 생각했다. 우리는 전에 양 떼를 보냈던 갈전에 젖소를 데려다 놓았다. 그런데 그 젖소들 사이에 심한 전염병이 돌아서 소들을 다시 예수원으로 데려올 수밖에 없었다. 그러나 예수원에는 아주 작은 면적의 목초지밖에 없었기 때문에, 낙농업을 확장하려는 우리의 꿈이 무산될 형편이 되었다.

그 즈음 아내와 나는 예루살렘에서 열린 제2차 세계 오순절 회의에 참석했다. 거기서 우리는 미국에서 온 옛 친구들을 우연히 만났는데, 그들은 우리를 보자마자 오래 전에 약속한 황소를 보내지 못한 것을 사과했다. 우리는 송아지 프로젝트 확장을 포기했다고 말하고 그 이유를 설명해 주었다.

"그렇다면 땅이 더 필요한 것입니까?"

그들이 물었다. 우리는 현재 상황으로는 그런 것 같지만, 하나님의 계획이 무엇인지 분명하게 알지 못하기 때문에 그들도 직접 하나님으로부터 인도를 받는 것이 좋겠다고 했다. 그 당시에 폴 킹스베리 가정이 예수원에 와서 우리와 합류하는 일에 대해 하나님의 인도를 구하고 있었으며, 그들이 제시한 '양털'(삿 6:37-40 참고) 가운데 하나가 바로 예수원이 더 많은 땅을 구입하느냐 하는 것이었다는 사실을 우리는 모르고 있었다! 6개월 후에 우리는 하나님이 땅을 더 구입할 돈을 보내라고 하셨다는 친구들의 편지를 받았다.

이 소식을 들은 킹스베리 가족은 하나님이 자신들을 예수원으로 보내신다는 것을 확신하게 되었다. 그들은 우리와 함께 6년을 보냈는데, 그 기간은 우리 주변의 농업 공동체와 가축 프로젝트, 우리 자녀들(바바라 킹스베리는 정교사 자격증을 가지고 있었다), 그리고 예수원 전체에 축복이었다. 게다가 그들은 '록베리'(Rockbury, 石城)라고 부르게 된 아름다운 집도 지어서, 후에 미국에 돌아가게 되었을 때 예수원에 기증했다.

땅을 살 수 있는 돈을 선물로 받았다고 해서 문제가 다 해결된 것은 아니었다. 적합한 땅을 찾는 문제가 남아 있었던 것이다. 1년 동안 땅을 더 사려고 애써 노력했지만, 매번 이겨내기 힘든 어려움에 부딪쳐야 했다. 한번은 서울에 갈 일이 있었는데, 떠나기 전에 '상속받은 땅'에 대한 구절이 많이 나오는 시편 37편을 읽고 있었다. 전에도 이 시편을 여러 번 읽었지만 이번에는 마치 하나님이 내게 이 말씀을 주시는 것 같았다. 그것은 '로고스'가 아닌 '레마'였다. 나는 기도했다.

"주님, 우리가 땅을 상속받을 것이라고 말씀하시는 것이라면, 그 땅을 저에게 보여 주십시오!"

하나님은 내가 원하는 땅의 목록을 우선순위대로 나열하고 그 땅들을 조사하라고 하셨다. 내가 가진 목록의 제일 위에는 예수원과 황지를 오가면서 늘 보아 온 땅이 있었다. 그 곳에는 '황지 연합 가축 프로젝트'라는 큰 현수막이 걸려 있었고, 나는 그것을 볼 때마다 다른 사람의 땅을 탐내게 되는 것에 수치심을 느꼈다. 그럼에도 불구하고 서울에서 돌아오자마자 김상규 장로님에게 그 땅에 대해 알아봐 달라고 했다. 그런데 놀랍게도 그 프로젝트는 실패했고, 땅

주인들은 그 땅을 팔려고 조바심을 내고 있다는 사실을 알게 되었다. 계산을 해 보니, 우리가 그들의 이자를 대신 물어 주고(그 땅은 산림청에서 임대한 땅이었다) 1년치 임대료를 내고도 건물 보수비와 개간을 바로 시작할 수 있는 돈이 남았다. 우리는 그 날로 바로 계약을 했다.

다음 날, 우리보다 더 많은 돈을 가진 사람이 우리보다 높은 가격을 제시했지만, 우리의 계약은 건재했다. 하나님은 우리의 기도에 응답하셨을 뿐만 아니라, 꼭 필요한 때에 응답하신 것이다! 후에 나는 그 땅이 한반도에서 유일한 세 갈래 분수선에 있다는 것을 발견했다. 비가 그 땅에 내리면 물이 세 갈래로 그 길을 나누어, 동해, 서해, 남해로 흘러갔던 것이다. 우리는 여기에 '분수령 목장'이라는 이름을 붙였다. 분수령 목장은 마치 이 세상에 속한 것 같지 않은 것처럼 아름다운 곳이다. 우리는 은혜가 그 산에서부터 흘러나가 한국의 모든 지역과 바다 너머에까지 미칠 것이라는 징표로 우리에게 그 곳을 주셨다고 믿는다.

그 후에 하나님은 역시 낙농업을 하던 호주의 한 형제, 이언 라이트(장요한)를 보내 주셨다. 그는 예수원 자매들 중 한 사람과 결혼했고(그 부부는 2명의 자녀를 두었다), 우리가 새로 구입한 땅에서 가축을 돌볼 사람들을 잘 훈련시켰다.

모세 할아버지와 로이스 할머니, 아론 할아버지와 리디아 할머니는 예수원에 매우 실제적이면서도 견고한 기반을 닦아 놓았다. 다른 이들은 8명에 이르는 이 연장자들이야말로 하나님이 선택한 '장

"여호와를 바라고 그 도를 지키라. 그리하면 너를 들어 땅을 차지하게 하실 것이라"(시 37:34).—예수원 목장(분수령 목장)으로 가는 길.

로' 들이라고 생각했을 것이다. 그러나 사정은 조금 달랐다. 하나님은 아주 드물게 우리에게 직접 계시를 주시기도 했는데, 한번은 우리 중에서 4명의 젊은이들을 거명하시면서 조 목사와 나와 더불어 장로로 섬기라고 하셨다. 우리는 큰 충격을 받았다. 하나님이 초자연적으로 그 사실을 밝히시지 않았다면 그것이 정말 하나님으로부터 온 예언인지 의문을 품었을 것이다. 모세 할아버지 부부와 아론 할아버지 부부가 자신들보다 나이가 어릴 뿐 아니라 자녀나 손자 또래인 사람들까지 포함되어 있는 장로회 아래서 섬기기로 한 것은 정말 큰 겸손이었다. 시간이 지나면서, 하나님은 4명의 젊은 장로들을 예수원에서 다른 곳으로 옮기셨고, 나이가 가장 많은 회원들이 장로가 되었다.

미국에서 1년 간 안식년을 보낸 나는 성령님이 계속해서 예수원을 인도하신다면, 내가 의회 아래서 섬겨야 한다는 생각을 가지고 예수원으로 돌아왔다. 그 당시 나는 의회의 대표로서 여전히 원장이라는 직함을 가지고 있었기 때문에, 사람들은 성령님이 예수원을 인도하고 계신다는 것을 거의 인식하지 못했다! 성령님이 일하시는 통로는 의회였다. 나는 1985년에 예수원의 고삐를 의회에 완전히 넘기기로 했다. 하나님은 내게 병을 앓게 하셨는데, 그것은 그 해 시월에 일어난 심각한 심장마비였다. 그 때부터 지금까지 나는 의회에 참석한 적이 없다.

우리 가족이 미국으로 갈 때까지는 모든 것이 원만하게 진행되었다. 내가 보기에는 의회가 성령님의 인도를 받으면서 예수원을 잘 이끌어 갔지만, 역시 '원장'이라는 내 직함 때문에 어떤 식으로든 내가 배후에서 예수원을 이끌고 있다고 생각하는 사람들이 많았다. 그들은 성령님에 대해 생각해 본 적이 없었다. 그래서 장로들의 결정에 따르지 않는 사람들과 문제가 생기기 시작했고, 예수원은 매우 힘겨운 몇 달을 보내야 했다. 그러나 그들은 결국 성령께서 여전히 의회를 인도하신다고 믿어야 한다는 것을 깨달았고, 그 믿음을 순종으로 나타내야 한다는 것을 알게 되었다. 질서가 돌아왔고 예수원은 성숙해지기 시작했다.

과거에 예수원 가족을 분리시켰던 한 가지 문제가 있었는데, 그것이 해결되기까지는 여러 해가 걸려야 했다. 그것은 우리가 자립을 우선순위에 두어야 하느냐, 기도를 우선순위에 두어야 하느냐의 문제였다. 즉 기도가 먼저인가, 경제가 먼저인가가 문제였던 것이다. '경제 우선'을 주장했던 사람들은 우리가 있는 힘을 다해 자급자족할 수 있는 실제적인 방법을 마련해야 한다고 생각했다.

그러나 나는 그들과는 반대되는 입장을 강하게 주장했다. 나는 하나님이 우리를 기도의 집이 되라고 부르셨으므로, 우리가 자립하기 위해 할 수 있는 일을 다 하되 하나님이 지금 우리에게 공급해 주실 것을 믿고 우리의 우선적인 임무, 즉 기도와 중보의 임무를 계속해야 한다고 지적했다. 이것이 공식 노선이라는 것이 분명해지면서 우리는 아주 좋은 사람들 몇 명을 잃어야 했다. 그들이 떠나는 것은 정말 아쉬운 일이었지만, 기도가 우선이라는 입장을 양보할 수는 없었다.

그 후로 해마다 조금씩 자립의 범위가 늘어났고, 이제는 60퍼센트까지 자급자족할 수 있게 되었다. 이것은 우리가 나머지 40퍼센트를 위해서 여전히 하나님을 믿고 신뢰해야 한다는 것을 의미한다. 머지 않아 우리는 완전히 자립할 수 있을 것이다. 그렇게 되면 남는 것을 해외 선교를 위해 쓸 예정이다. 우리는 이미 해외 선교를 시작했다. 많은 사람들이 예수원을 떠나 세계 각지에 선교사로 떠났기 때문이다. 그들은 여기에서 배운 대로 하나님이 공급해 주실 것을 믿으며 갔다.

하나님이 우리에게 물질을 공급해 주신다는 것과 성령님이 우리를 인도해 주신다는 것을 신뢰할 수 있는가, 성령님이 과연 좋은 선생인가 하는 질문이 대두되었을 때, 우리는 모두 그렇다는 데 동의했다. 그러나 하나님이 우리에게 돈을 보내 주실 것을 신뢰하는 데 많은 믿음이 필요했던 것처럼, 성령님의 인도를 신뢰하는 데도 많은 믿음이 필요하다는 사실을 우리는 인정했다. 예레미야(그는 이제 신부가 되었다)는 이렇게 말했다.

"하나님께서 예수원을 운영해 주셔야만 합니다. 81년에도 그랬고 86년에도 그랬습니다. 그러나 그 시절은 마치 풀무와 같았지요. 우리는 불과 망치의 연단을 받았습니다. 쉽지 않은 일이었어요."

그의 말이 맞다. 우리는 쉽지 않은 연단을 받았다. 그러나 믿음의 연단은 아주 좋은 것이다. 마치 체력을 단련하는 것처럼 믿음의 연단은 우리를 강건하게 해 준다. 하나님은 우리에게 이러한 연단이 많이 필요하다는 것을 알고 계신다.

"우리는 불과 망치의 연단을 받았습니다."-눈 덮인 예수원.

안식년에 생긴 일

　공동체로 살라는 하나님의 부르심을 받았으며, 하나님이 예수원을 향해 가지고 계신 계획을 이루시는 일에 사용되기를 바라는 예수원 정회원은 현재 25명이다. 이 회원들은 한 달에 한 번씩 모여서 기본적인 원칙에 대해 하나님의 뜻을 구하며 의회의 지도에 따라 하루하루의 일과를 진행한다. 예수원의 역사가 33년인데, 회원들이 예수원과 인연을 맺은 기간은 3년에서 30년에 이르기까지 다양하다. 우리는 하나님의 인도에 따라 이 개척 사역을 앞으로 이끌어 가는 일에 그들을 부르셨음을 알고 있다.

　또한 예수원에는 30여 명의 수련자가 있고, 해마다 두 번씩 약 16명 정도의 지원자 교실을 운영한다. 이 곳에는 많은 가정이 살고 있기 때문에 아이들도 30명 정도 된다. 찾아오는 손님들까지 합하면 우리 집은 사람들로 넘칠 지경이다! 앞으로 이 곳에서 또 어떤 일들이 일어날지 정말 기대가 된다!

'81년과 86년에 하나님이 예수원을 운영하셨다'고 한 주 신부의 말은 내가 가족과 함께 예수원을 떠나 1년 동안 미국으로 안식년을 보내러 갔던 때를 일컫는 것이다. 우리는 5년마다 안식년을 가졌고, 그 때마다 예수원은 우리 없이 운영되면서 성령님의 인도를 받는 경험을 할 수 있었다. 그것은 또한 우리 가족이 후원자들을 새로 찾아 낼 수 있는 기회가 되기도 했다. 우리는 많은 교회를 방문했지만, 그것은 성령의 사역을 따르기 위해서였지 모금 운동을 하기 위해서가 아니었다. 그 과정 중에 많은 후원자들과 더 강한 유대를 맺었으며 새로운 후원자들도 얻었다. 이것은 어느 정도 우리가 여러 교회를 방문한 덕택이기도 했다. 동시에 우리는 성령님의 사역에 대해 더 많은 것을 배울 수 있는 놀라운 경험도 했다.

첫 안식년은 1964년이었다. 우리는 제인의 부모님과 나의 부모님을 방문했고, 매우 강력한 성령 집회에 몇 번 참석했으며, 예수원의 미래를 계획했고, 샐리 메이슨이 준 선물로 땅을 살 수 있었다. 벤과 나는 1965년에 예수원을 시작하기 위해 제인과 옌시보다 몇 달 먼저 한국으로 돌아왔다.

1970년에 제인은 천식으로 병원에 입원했다. 그 즈음에 나는 하코트 윌러 목사를 만났는데, 그는 샬롯에 있는 그리스도 교회에서 6개월 동안 목회를 같이 하자고 했다. 그것은 내게 소중한 경험이 되었다. 그리스도 교회에는 몇 명의 신부들이 있었으며, 초창기에

조립 주택에서 예배를 드릴 때보다 크게 성장해 있었고, 은사가 풍부했다. 그들은 모두 잘 정리된 학구적인 설교를 했으며, 그 날 설교 전문을 복사하여 회중이 떠날 때 문 앞에서 나누어 주었다.

나는 그것을 보고 매우 겁이 났다. 나는 지금껏 한 번도 설교를 완벽하게 준비해서 기록하고 외운 적이 없었다. 항상 설교의 윤곽만 잡아 놓고, 그 나머지는 설교하는 동안 성령께서 은혜롭게 채워 주실 것을 신뢰했다. 그런데 이런 상황에서는 어떻게 하면 좋을 것인가. 나는 기도했다. 하나님께서는 내게 설교를 기록하거나 암기하지 말고 마지막 순간에 성령께서 말씀을 주시도록 그를 의지하라고 말씀하셨다. 그리고 예배 전에 서재에서 혼자 한 시간 동안 성령으로 기도하라(유 20)고 말씀하셨다.

나는 그대로 했지만, 당황스럽게도 기도하는 동안 아무런 생각도 떠오르지 않았다. 행렬을 지어 교회에 들어갈 때까지도 내 머리 속에는 어떤 생각도 떠오르지 않았다. 예배 시간 내내, 그리고 마침내 설교 시간이 되었을 때에도 상황은 마찬가지였다. 그렇게 아무 생각 없이 막막한 적은 그 때까지 한 번도 없었다. 겁이 났다.

드디어 크고 높은 설교단으로 올라가 설 때가 되었다. 여전히 아무 생각도 떠오르지 않는 상태에서 회중을 내려다보았다! 나는 기다릴 수밖에 없었다. 내가 기다리는 동안 회중들은 책을 선반 책꽂이에 다시 집어넣고 설교를 들으려고 자세를 고쳐 앉느라고 다소 소란스러웠다. 드디어 모든 시선이 나에게 집중되었다. 사람들은 말씀을 기다렸다. 바로 그 때였다. 문장의 절반이 생각났다! 내가 순종하면서 그 문장을 말로 옮기자 곧 나머지 문장이 떠올랐고 설교는 매끄럽게 진행되었다! 나는 마음속으로 내게 할 말을 주신 하나님을 찬양했다. 그러나 한편으로 다시는 이런 역경을 주시지 않기를 바랐다.

예배가 끝난 후 문 앞에 서서 회중과 악수를 하고 있을 때, 한 여성이 오더니 "설교 복사본은 어디 있나요?" 하고 물었다. 나는 없다고 대답했다.

"그러면 신부님이 가진 설교 원고 사본이라도 얻을 수 있을까요?"

"설교 원고도 없는데요."

"그러면 설교 개요 사본이라도 주시겠습니까?"

"개요서도 없습니다."

"다음에 설교하실 때는 녹음기를 가져와야겠네요!"

그 여성도는 실제로 다음에 녹음기를 가져왔다. 그러나 하나님은 그 녹음기를 매번 작동할 필요가 없게 하셨다. 그 설교는 후대 사람들을 위한 것이 아니라 바로 그 날 거기에 모인 회중을 위한 것이었다!

나는 이 일을 통해 소중한 교훈을 얻었다. 그것은 내가 주의깊게 기도할 때, 하나님은 평소대로 생각해서 설교를 준비하는 것만큼이나, 아니 어쩌면 그보다 더 크게 나를 그분의 통로로 사용하실 수 있다는 것이었다. 물론 성령님은 설교를 준비하는 동안에도 역사하신다. 나는 내가 일상적인 방법으로 준비를 할 것인지 그렇지 않을 것인지에 대해 성령께서 나를 인도해 주실 것을 믿는다. 또한 설교를 준비하는 것 못지않게 기도가 중요하다는 것을 인정한다.

그 안식년에 옌시와 나는 영국으로 가서 매우 중요한 만남과 회합을 가졌다. 나는 선조들이 미국으로 오기 전에 살던 마을을 찾고 싶었다. 마침내 그 마을을 발견했지만, 그분들에 대한 기록은 남아 있지 않았다. 우리는 그분들이 신세계로 이주하기 얼마 전에 스코틀랜드에서 그 마을로 이주해 왔을 것이라는 결론을 내렸다. 그러나 그분들이 스코틀랜드의 어느 지방에서 왔는지에 대해서는 단서가 없었다. 선조들의 발자취를 더듬던 수색은 그것으로 끝이 났다.

같은 해에 아버지가 돌아가셨다. 아버지는 다리엔에 있는 어머니의 선묘에 묻히셨다. 다리엔은 내가 처음으로 목회했던 교회가 있는 곳이기도 했다. 부모님이 선교사역을 위해 치르셔야 했던 대가 중에 하나가 바로 다른 '보통' 가정들처럼 자녀들과 자주 만날 수 없다는 것이었음을 이제야 깨닫는다. 중국에서 살 때도 아버지는 종종 교회를 개척하거나 어떤 문제를 해결하기 위해 집을 떠나 계셨기 때문에 여름방학에 집에 가도 거의 뵐 수가 없었다. 내가 기숙 학교로 떠난 이래로 우리가 함께 있을 수 있었던 시간은 크리스마스 때(통주에 있는 동안에는 네 번의 크리스마스를 집에서 보냈고, 연경에 있을 때에는 단 한 번 함께 크리스마스를 보냈다)와 여름방학 때 한 달간 정도였다. 그 뒤로는 내가 미국으로 떠났기 때문에 어머님과 함께 다리엔에 살 때를 제외하고는 거의 부모님을 뵙지 못했다.

그 안식년에 제인은 친구들의 선물로 이스라엘에 다녀왔다. 그

벤은 사라 로렌스 대학 동료인 엘리자베스 부쉬넬과 결혼했다.
－왼쪽 윗줄부터 시계 방향으로 엘리자베스, 벤, 제인, 대천덕, 옌시, 버니. 1975년.

여행은 천식 치료를 위한 것이기도 했다. 제인은 이 여행 이야기를 〈예수원 이야기〉에 기록해 놓았다. 실제적인 치유는 나중에 일어났지만, 하나님의 은혜로 제인의 천식은 완전히 낫게 되었다.

다음 안식년인 1975년에는 미국 전역을 8자형으로 여행하면서 많은 교회에서 강의를 하고 옛 친구들을 만나는 한편, 새로운 친구들을 많이 사귀었다. 그 해에 벤은 사라 로렌스 대학 동료인 엘리자베스 부쉬넬과 결혼했다. 그들은 그 대학에 1년을 더 다녔고, 우리가 한국으로 돌아온 후에야 졸업을 했다.

1980년에 맞이한 안식년 때에도 우리는 대륙을 횡단하면서 많은 교회에서 강연을 했다.

1985년 안식년 직전, 나는 심장마비를 일으켰다. 장성 병원이 문을 닫았기 때문에 원주에 있는 기독교 병원에 가서 일주일을 보냈다. 그 병원 직원들 몇몇은 이미 알고 있는 사람들이었으며 새로운 친구들도 사귈 수 있었다. 나는 회복이 되었고, 더 이상 문제가 없는 듯이 보였다. 그 안식년에 우리는 버지니아의 샬롯 코트하우스에 있는, 장모님의 선조들이 사시던 집에서 생활했다. 제인이 사랑했던 이모 프랜시스와 윌리엄 삼촌이 돌아가셔서 제인이 그 집을 상속받았던 것이다.

그 즈음 나한테는 자꾸 졸음이 오는 증세가 있었는데, 집과 가까운 도시에 있는 기독교 병원의 의사가 그 원인이 나트륨 부족에 있다는 것을 발견해 냈다. 그 후로 나는 소금을 들고 다녔고, 특히 운전할 때는 졸지 않기 위해 소금 챙기는 일을 잊지 않았다. 이 때에도 나는 많은 여행을 하면서 꽤 많은 교회들을 방문했다.

1990년에 안식년을 보내러 미국에 갔을 때, 나는 남부 대학에서 명예 신학박사 학위를 받았다. 내가 처음으로 의식을 잃은 것은 바로 이 안식년 때였다. 이것은 특별한 이유 없이 갑자기 일어난 증상이었다. 원인을 찾기 위해 의료진들이 할 수 있는 일을 전부 했지만, 별 소득이 없었다. 다음 해와 그 다음 해에도 같은 일이 반복되더니, 의식을 잃는 횟수가 1년에 두 번으로 늘어났다. 혹시 운전 중에 의식을 잃으면 나나 다른 사람이 치명적인 사고를 당할까 봐 운전을 포기했다.

사람들은 이것이 내 심장과 연관이 있으리라고 생각했다. 그런데 심장 문제가 완전히 해결되었는데도 3개월 만에 다시 의식을 잃자, 그 때서야 심장학 전문의가 세브란스 병원에 있는 신경학 전문의에게 나를 보내 주었다. 설명을 들은 신경학 전문의는 바로 진단을 내렸다. 이것은 오래 살면 살수록 더 자주 나타나는 증상으로서, 간단한 약으로 조절할 수 있다는 것이었다. 나는 뇌파도를 측정해 이 증상을 확인한 다음 처방에 따라 약을 먹었고, 의식을 잃는 일은 더 이상 일어나지 않았다.

그러나 1993년에 의사가 전에 경고했던 일이 일어나고 말았다. 그렇지 않아도 문제가 있는 심장을 내가 지나치게 압박했던 것이다. 이 일을 계기로 평생동안 나를 괴롭힌 심장 잡음의 원인이 정확하게 판명되었다. 그것은 날 때부터 내 심장 승모판이 새고 있다는 것이었다. 의사는 내가 숨차게 움직이지만 않으면 괜찮을 것이라고 했다. 나는 대학에 다닐 때 운동을 하지 않았던 것이 하나님의 은혜라는 것을 깨달았다(만약 운동을 했더라면 뛰어난 육상 선수였던 내 룸메이트 데이빗 우드워드를 따라 육상을 했을 것이다). 그 때 운동을 했더라면 죽었을 수도 있었다. 철공소에서 일할 때 힘겨운 육체 노동을 하긴 했지만 그것은 천천히 움직이면서 하는 일이고 숨이 차는 일이 아니었기 때문에 별 문제가 없었던 것이다.

1993년 1월 초에 감기에 걸려 4일 동안 기침을 했다. 누워서 잠을 잘 수 없을 정도로 괴로웠다. 갑자기 탈진한 나는 여러 약속을 취소할 수밖에 없었고, 식사와 강의를 빼고는 모든 시간을 침대에서 보내야 했다. 결국 나는 집으로 가서 자리에 눕고 말았다.

그러나 누워서 보낸 시간은 축복의 시간이었다. 나에게는 성경 연대학에 관한 서적이 여러 권 있었는데, 그 가운데에는 유진 폴스틱(Eugene Faulstich)이 쓴 〈때가 되었다〉(It's About Time)라는 제목의 짧은 논문 모음집이 있었다. 그 동안 너무 바빠서 읽을 시간이 없었는데, 이제는 다른 할 일이 없었기 때문에 나는 그 책을 읽기 시작했다.

폴스틱의 연구는 정말로 놀라운 것이었다. 수년 전에 영국 국교회의 한 주교가 성경 연대기에 관한 작업을 해서 폴스틱과 비슷한 결론에 도달했지만, 그가 사용했던 계산법은 너무 어려워서 그 작업에 그는 거의 평생을 바쳐야 했다. 그러나 폴스틱은 여러 대학의 천문학적 자료 조사와 컴퓨터의 도움으로 성경의 모든 날짜들을 확인했고, 그 결과 그 모든 것들이 정확하다는 것을 밝혀냈다. 그는 성경에 날짜들이 많이 기록되어 있다는 것과 하나님은 역사의 하나님이시며 역사에 관심을 가지고 계시다는 것을 깨달은 후, 그 날짜들의 정확한 연대를 밝히는 데 관심을 기울여 온 학자이다.

이것은 내가 신학교에서 배웠던 자유주의 이론에 대한 결정적인 강타였다. 자유주의 이론은 성경의 정확성을 의심한다. 그러나 폴스틱의 연구 덕분에 성경 가운데 정확하지 않은 것들은 세속의 자료임이 밝혀졌다. 폴스틱은 또한 현대의 교만한 학자들이 인식하지 못하는 너무나 명백한 사실을 하나 밝혀 냈다. 그것은 모든 고대의 달력은 천문학적 기록과 일식뿐 아니라 해, 달, 별의 관찰에 기초한 것으로서, 고대 사람들의 계산이 틀릴 이유가 없다는 것이다. 적절한 때에 우리는 그와 연락하여 한동대학에서 가르칠 수 있도록 주선했다. 우리는 그가 한국에 남아 있기를 바랐다. 그러나 성지(이스라엘)가 개방되자 그는 그 곳으로 떠났고, 지금은 거기에서 랍비와 정통 유대교 학자들을 대상으로 흥미로운 사역을 하고 있다.

침대에 누워 있는 동안, 창조과학 분야에 대해서도 더 많은 독서를 할 수 있었다. 창조과학은 영감으로 기록된 성경의 정확성에 대한 나의 관심과 과학에 대한 나의 오랜 흥미를 하나로 모아 주었기 때문에, 수년 동안 이 창조과학에 관심을 가져 온 참이었다. 오래 전에 우연히 헨리 모리스(Henry Morris) 박사의 연구를 접한 후부터 나는 그의 연구를 죽 지켜보았으며, 이제는 그의 아들 존 모리스와 그 부자가 세운 창조과학회(Institute for Creation Research)를 지켜보고 있다. 이들의 연구는 매우 흥미로운 것들이다. 지난

150년 간 진화론자들이 단 하나의 '사라진 고리'를 찾으려고 씨름하며 진화론을 과학화하려 했던 노력과는 반대로, 이들은 생물학과 지질학을 비롯한 많은 분야를 통해 성경을 뒷받침하며 진화의 신비를 붕괴시킬 만한 새로운 증거들을 계속해서 발견하고 있다. 예를 들어 이들이 발견한 여러 가지 흥미로운 사실들 중 한 가지는 세인트헬레나 산의 화산 폭발로 생겨난 바위가, 그 동안 지질학자들이 수백만 년이 걸려 형성되었다고 말하는 바위와 성분이 같다는 것이다.

건강이 다소 회복되어 서울에 가서 검진을 받은 결과, 심장 발작이라는 진단이 나왔다. 내 나이에는 손상된 심장의 승모판을 회복하는 수술을 받을 수 없으며, 짧게는 12개월에서 길게는 18개월밖에는 못 산다는 진단이 나왔다. 나는 걱정하지 않았다. 내 인생은 하나님의 손에 달려 있으며, 내가 얼마나 오래 살 것인지도 하나님의 뜻에 달린 것임을 알았기 때문이다. 그러나 피가 잘 돌지 못해서 폐에 물이 가득 차며 다리가 붓고 아무리 약을 먹어도 큰 효과가 없다는 것은 참으로 불편한 일이었다.

이 병 때문에 내 생활 패턴이 바뀌었다. 나는 집에서 거의 모든 시간을 보냈고, 대기도실에는 수요일 저녁 예배와 주일 아침 예배 때만 천천히 계단을 올라서 갈 수 있었다. 편지를 쓰고 원고를 쓰는 일은 할 수 있었지만 그 외에는 할 수 있는 일이 별로 없었다. 그래서 새로 발견한 분야의 책들이나 공동체 운동처럼 전부터 관심을 가지고 있었던 분야의 책들을 계속 읽어 나갔다.

나는 새로 발견한 분야의 책들이나 전부터 관심을 가지고 있었던 분야의 책들을 계속 읽어 나갔다. ─서재에서. 1995년.

12개월이 지났지만 상태가 크게 악화되지는 않았다. 18개월이 지났다. 그러나 나는 여전히 살아 있었다. 그로부터 18개월이 더 지났고, 우리는 그 동안 우리가 해 왔던 대로 안식년을 보내러 미국으로 가기로 했다.

이흥룡 박사 부부를 알게 된 것은 그가 서울대에서 농업을 가르칠 때였다. 그런데 미국으로 다시 돌아간 그 부부가 우리에게 편지를 보내 왔다. 우리가 미국에 도착해 텍사스의 러복에 들르면 안식년 동안 사용할 중고차를 한 대 주겠다는 내용이었다. 우리는 그들의 제안을 기꺼이 받아들였고, 내가 이미 죽은 지 18개월이 되었어야 했을 1995년 말에 러복으로 갔다. 이 박사는 제인을 데리고 가서 중고차를 한 대 사 왔다. 그리고 나서 그는 자신의 주치의를 소개해 주었고, 그 주치의는 나를 심장병 전문의에게 소개해 주었다. 그 전문의는 말했다.

"이번이 마지막 기회입니다. 병원에 입원하시지요!"

나는 병원에 입원했고, 의사 한 팀이 그 동안 문제가 되었던 심장 승모판을 잘라내고 돼지의 승모판을 연결한 뒤 다시 꿰매서 원상복귀시켜 놓았다.

그 이후 나는 죽음의 문에서 돌아왔고, 놀랍게도 계속 건강이 좋아지고 있다. 그 때 받았던 심장 수술 외에도 두 번의 탈장 수술과 두 번의 백내장 수술과 심장 박동 조절 수술을 받은 지금, 나는 다시 젊어지고 있다! 하나님께 참으로 감사드린다. 인간에게 주신 모든 뛰어난 기술과 창조력과 응용력에도 감사한다. 그리고 나를 위해 기도해 준 수많은 사람들에게 감사드린다. 수술을 하기로 결정했을 때, 제인은 공동체 운동을 하는 사람 중 우리가 아는 한두 사람과 친척들에게 연락을 했고, 그들은 또 각자 자기가 아는 사람들에게 연락을 했다. 그렇게 해서 나는 순식간에 중보기도의 바다에 둘러싸였던 것이다.

지금 그대로 가라

나를 위해 기도해 준 사람들 중에는 예수전도단 사람들이 포함되어 있었다. 우리는 데이비드 로스가 처음 한국에 왔을 때부터 그와 알고 지냈고, 예수전도단의 성장을 계속 지켜보면서 지원했다. 그들의 '안디옥 프로젝트'는 세계에 흩어져 사는 한국인 디아스포라를 모으는 프로젝트로서, 사도 바울이 전 로마 제국의 유대인 디아스포라를 그리스도께 인도하고 그들을 통해 이방인을 그리스도께로 인도하기 위해 안디옥에서 시작했던 운동과 같은 것이다. 하나님은 이 일을 사용하셔서 수많은 민족을 그리스도께 인도하고 계시다.

나는 한국어가 우랄-알타이어 계에 속하기 때문에 한국인이 몽고인과 중앙아시아의 투르크인을 복음화해야 한다고 항상 말해 왔다. 그런데 한국 국경 바로 건너편 러시아 땅에 살던 많은 한국인들이 스탈린 정권 때 중앙아시아 전역으로 흩어졌다는 사실을 알게 되었다. 현지어에 능통한 그 곳의 그리스도인들은 핵심 그룹을 구성하여, 중앙아시아의 각 나라를 그리스도께로 인도하는 일에 자신들을 사용해 주시길 기다리고 있다. 예수원은 이러한 선교를 격려하는 일에 작은 역할을 해 왔으며, 예수전도단은 우리보다 훨씬 더 많은 일을 해 왔다.

나는 개척자라는 부르심의 연장선상에서 여러 가지 다양한 프로젝트가 시작되도록 도왔고, 다른 사람들이 그 일을 이어서 발전시키는 것을 흡족한 마음으로 지켜보았다. 그런 일 가운데 하나가 기독교 대학 설립 동역회 프로젝트이다. 처음 한국에 와서 성 미가엘 신학원을 막 시작하려 할 무렵, 나는 전국 기독인 대학 교수들의 모임에 초청을 받았다. 한국말을 처음 배우고 있던 나는 토론의 내용을 상세하게 이해할 수는 없었지만, 그들이 성경과 학문의 관계에 대한 이야기를 제외한 채 다른 문제만 이야기하고 있다는 인상을 받았다. 성경과 학문의 관계가 마땅히 토론의 가장 중요한 주제가 되어야 한다고 생각했던 나는 그들이 교육과 성경을 이렇게 연관시키고 있는지 두 번이나 물었지만, 그들은 내 질문을 무시했다. 세번째로 같은 질문을 던졌을 때, 연장자 한 분이 매우 근엄한 어조로 이렇게 말했다.

"젊은이, 내가 교실에 들어갈 때는 내 종교를 복도에 내버려 두고 들어간다네."

나는 이 말을 듣고 큰 충격을 받았고 마음이 매우 불편했다. 그러나 다른 사람들은 아무도 충격을 받는 것 같지 않았다. 나는 그 리스도인 교수들 대부분이 그런 입장에 동의한다는 결론을 내렸다. 그리고 미국의 창조과학회와 그 밖에 내가 잘 알고 있는 기독교 학문 기관들처럼, 모든 과목을 성경의 관점에서 가르치는 기독교 대학의 설립을 위해 기도하기 시작했다. 여기에서부터 기독교 대학 설립 동역회가 시작되었다. 이 동역회는 많은 책을 출판했으며 정기 간행물을 계속 발행하고 있다. 이와 더불어 선교사들이 설립한 전통있는 대학이면서도 오랫동안 세속적 자유주의에 물들어 있던 대학들이 변하기 시작했다.

불과 몇 년 전에 하나님은 우리의 기도에 응답하셔서, 몇몇 부유한 그리스도인 사업가들을 움직여 포항에 새로운 대학을 설립하게 하셨다. 그들은 우리의 옛 친구인 한국 과학 기술 연구원장 김영길 씨를 총장으로 추대했다. 김 박사는 미국에서 막 공부를 마치고 돌아온 과학자들 중 한 사람이었는데, 조병호 목사가 어느 그믐날 그 과학자들을 데리고 신년 기도를 하기 위해 예수원에 같이 온 적이 있었다. 김 박사가 포항의 한동대학교 총장으로 초대를 받았을 당시 그는 '미국의 과학자들'(American Men of Science) 명단에 오른 유일한 한국인 과학자였다. 그 때 처음 예수원에 방문한 이후로 그들 중 몇 명은 해마다 신년을 맞으러 예수원을 찾아왔고, 가족의 생일에 우리를 서울로 초대해 같이 축하하기도 했다.

전문 영역에서건 개인의 삶의 영역에서건, 자기 삶 전체를 성경을 통해 이끌어 가며 하나님의 뜻을 깨달아 행하고자 하는 이 사람들과의 만남은 참으로 가슴 훈훈한 것이었다. 이들이 창조주의 기본 자세인 개척자의 영—"보라, 내가 새 일을 시작하였노라"—으로 충만하도록 기도해 주시기 바란다. 그리고 이들이 교회의 전통만을 유지하는 함정에 빠지지 않도록(이것은 가톨릭 신자들뿐만 아니라 복음주의자들, 심지어 자유주의자들도 쉽게 빠지는 함정이다) 기도해 주시기 바란다. 이들은 한국에도 창조과학회를 세웠고, 한국의 지성계와 종교계에 강력한 영향을 미쳤다.

우리의 절친한 친구 중 이스라엘에 사는 필리핀 여성 엑시 슐로스버그가 있다. 1983년, 아버지와 조카 두 명이 그녀를 방문한 후 서울을 거쳐 필리핀으로 돌아가기 위해 KAL 007을 탔다. 그런데 이상하게도 그 비행기는 제 항로에서 벗어나 버렸고, 러시아 미사일의 공격을 받아 사할린 섬에 추락했다. 그것이 9월 1일의 일이었다. 우리는 AP 연합 통신의 첫 소식을 통해 그 비행기 조종사가 안전하게 비상 착륙을 했다고 들었다(러시아 미사일이 비행기 동체에 구멍만 냈기 때문에 객실에 기압이 떨어졌던 것이지, 기계나 기타 다른 장치에는 손상이 없었다). 그리고 버스가 그 곳에 와서 승객들을 도시로 이송했다고 들었다. 그 비행기에는 136명의 한국인이 타고 있었고, 61명의 미국인, 그리고 72명의 기타 국적인들이 타고 있었으며, 어린이 승객이 23명이었다.

그런데 다음 날, 뉴스 내용 전체가 바뀌어 버렸다. 비행기가 바다에 추락해 승객 전원이 사망했다는 것이다. 그러나 우리는 그 비행기가 바다로 견인되어 승객들이 다 내린 다음에 가라앉았다고 확신한다. 왜냐하면 잠수부들이 가라앉은 비행기를 조사하기 위해 바다 밑으로 내려갔을 때, 비행기에는 가방이나 시체 없이 신발만 있었기 때문이다. 조난당했을 때에는 비행기에서 내리기 전에 보통 신발을 벗게 되어 있다.

블랙박스에 기록된 내용은 결국 알려지지 못했다. 아주 오랜 시간이 지난 후에 그 테이프가 공개되었을 때는 이미 내용이 조작된 후였다. 러시아 정부, 한국 정부, 미국 정부, 일본 정부는 그 비행기 충돌 사고로 전원이 사망했다고 한다는 데 동의했다. 그러나 만약 그것이 사실이라면 그 사건은 역사상 시체가 남지 않은 유일한 비행기 폭발 사고가 될 것이다.

몇 년 후 시베리아에서 일하던 북한 벌목꾼들은 그 때 그 비행기에 탔던 사람 몇 명을 보았다고 보고했다. 그들은 러시아가 사할린과 시베리아, 그리고 기타 여러 러시아 지역에 운영하고 있는 포로수용소 가운데 하나로 끌려갔던 것이다. 또한 슐로스버그 가족은 예루살렘에서 러시아 망명자인 아브라함 슈프린이라는 사람을 알게되었는데, 그는 러시아의 감옥과 정치범 포로 수용소를 안내하는 책자를 발간한 사람이다. 우리는 그가 KAL 007의 승객 대부분이 아직 살아 있다는 증거를 가지고 있는 것으로 알고 있다. 예수원에서는 이 문제를 놓고 매일 기도하고 있다. 이 잔인한 상황을 해결해 보고자 하는 것은 우리의 프로젝트 가운데 하나이다.

그 밖에도 예수원에서 강조하는 것 중 하나는 한국 문화이다. 내가 미사 때 서양식 제의를 입는 대신 한복을 입는 것은 그에 대한 하나의 상징이다. 우리는 한국 문화 중에서 성경의 문화와 비슷한 것을 계속해서 찾고 있으며, 필요 이상으로 서양 문화에 의존하지 않으려 하고 있다. 우리의 이러한 노력을 인정받아, 1985년에는 한남 대학교에 초청되어 린튼 상을 받았다.

우리 자녀들도 다양한 문화를 잘 융합하고 있다. 전문적인 컴퓨터 프로그래머인 아들 벤은 고대 동방 기독교(정교)에 뿌리를 둔 교회에서 일하고 있는데, 이 교회는 전적으로 성경적인 교제와 예배 형식을 위해 노력하는 곳이다. 그 교회가 추구하는 형식은 현대 미국 사회에도 적합한 것이다. 한국에서 교육을 많이 받았으며 한국어와 영어를 모국어처럼 할 수 있는 두 딸 옌시와 버니는 서양 문화만큼이나 한국 문화에서도 뿌리 깊은 영향을 받았다. 옌시는 서울 외국인 학교에서 고등학교 과정을 마친 후 한국에 남았으며, 미군을 위해 설립된 메릴랜드 대학 과정을 밟았다. 그리고 후에 미국에 가서 오빠가 사는 곳 근처인 코네티컷 주 맨체스터 대학과 볼티모어에 있는 메릴랜드 대학에서 공부했다. 그러나 이처럼 서구식 교육을 많이 받았음에도 불구하고 옌시의 친구들은 대부분 한국 사람들이며 옌시가 읽은 책도 거의 한국 책이다. 막내딸 버니는 버지니아 주 해리슨버그에 있는 이스턴 메노나이트 대학을 졸업한 후, 서울에 있는 연세대학교와 대만에서 몇 년간 공부했고, 2년 간 한동 대학교에서 영어와 중국어 회화를 가르쳤다.

1996년에는 버지니아에서 안식년을 보냈다. 돼지 심장 승모판 수술 이후(의사에게 왜 원숭이 승모판을 쓰지 않느냐고 묻자, 의사는 "인간은 원숭이보다는 돼지에 더 가깝습니다"라고 대답했다. 진화론자들이 이 말을 들으면 뭐라고 할까!) 서서히 건강이 회복되고 있던 터라 여행과 강연을 최대한 절제하면서 대부분의 시간을 벤이 사 준 컴퓨터와 함께 집에서 보냈다. 이 기간에 나는 컴퓨터 성경 프로그램을 하나 발견해, 날마다 아침 기도와 성경공부를 컴퓨터로 즐겨 했다. 컴퓨터를 써 보니, 이전에 몇 달이나 몇 년이 걸렸던 일들도 몇 시간 안에 해결할 수 있었다. 그 덕분에 놀랍게도 아직 어느 학자도 발견하지 못한 사실들을 알아낼 수 있었다. 그 중 하나는 '충만하다' (filled)는 뜻의 헬라어 단어 두 개가 사실은 서로 다른 의미를 가지고 있다는 사실이다. 표준 헬라어 사전은 이 두 단어를 같은 의미로 해석했고, 모든 현대 번역본들도 같은 의미로 번역하고 있다. 이것은 신학적으로 중요하다. 그 단어들의 이해가 '성령으로 충만하다'는 말의 의미를 이해하는 데 영향을 미치기 때문이다. 나의 발견은 또한 할아버지가 '성령 세례'를 계속 이야기하면서 그것을 '성령 충만'이라는 표현과 구분한 것이 옳았다는 사실을 증명해 주었다.

'충만하다'는 단어는 모호한 말로서, 두 가지의 다른 의미를 가지고 있다. 나는 컴퓨터를 가지고 헬라어 'plethes'와 'pleres'를 사용한 모든 문장을 찾아서 비교해 보았다. 컴퓨터는 이 작업을 1분 안에 해결했다! 비교 결과 이 두 단어가 종종 서로 다른 문맥에서 사용되었다는 사실을 발견한 나는 문맥에 따라 그 의미가 어떻게 달라지는지 알아보았다. 'plethes'는 건전지를 충전하거나 배에

생선을 가득 실을 때처럼 '충전되다'(charged), 혹은 '짐이 실리다'(loaded)는 의미를 가지고 있었으며, 이 단어가 성령에 관련해 쓰일 때에는 고린도전서 12장에서 읽을 수 있는 것처럼 항상 기적을 행하거나 예언하는 능력을 가리키고 있었다.

반면에 'pleres'는 영어의 'saturate'(흠뻑 적시다, 담그다)처럼 항구적이고 전체적인 것을 가리킬 때 항상 사용되었다. 고린도전서 13장에 사용된 단어가 바로 이 단어이다. 'pleres'는 나무에 수액이 가득 찬 듯한 상태를 가리키는 말로서, 성령에 대해서 사용될 때는 성령으로 거듭나서 성령의 열매를 맺는 것을 의미한다. 나는 뿌리가 잘렸으면서도 장식물과 불빛으로 가득 찬 크리스마스 트리를 생각했다. 예수원에서는 크리스마스 트리를 뿌리째 조심스럽게 파냈다가, 절기가 끝나면 장식물을 다 떼어낸 후 다시 심는다. 우리가 초창기에 사용했던 크리스마스 나무 한 그루는 이제 아주 크게 자라서 예수원 입구에 아주 멋진 표본으로 서 있다. 우리 그리스도인들의 삶은 바로 이 나무처럼 계속 자라가야 한다. 나는 이 두 헬라어의 차이를 나타내기 위해 한국어로 두 개의 서로 다른 단어를 쓰기로 했다. 지금 예수원에서는 '충만'(充滿)과 '충분'(充分)이라는 단어를 사용해서 그 의미를 구분하고 있다.

심장 수술 후 회복의 기간은 독서하고 연구하기에 좋은 시간이었다. 매우 바쁜 예수원의 분위기에서는 그렇게 하기가 매우 힘들었다. 그렇다고 해서 그 시간이 외로웠던 것은 결코 아니다. 친척과 친구들, 그리고 예수원과 연관이 있는 사람들이 계속해서 오고 갔고, 우리의 중보 기도 사역을 강화해 주었다.

1997년 가을에 인도와 아프리카에서 열리는 회의에 초대를 받았지만, 일정을 조정할 수가 없어서 아프리카 회의는 포기해야 했다. 우리는 하이드라바드에서 북쪽으로 두 시간 정도 떨어진 작은 도시에서 아주 좋은 시간을 보냈고, 보스턴으로 가서 우리를 마중 나온 옌시를 만났다. 내가 '우리'라고 말하는 이들은 이번 여행에 동행한 예수원의 요셉 형제와 버니스 자매이다. 이들은 가는 곳마다 사람들에게 축복을 내리는 하나님의 통로로 사용되었다.

옌시는 우리를 먼저 매사추세츠의 가드너로 데리고 갔고, 우리는 거기서 한국인 목사가 사역하는 교회를 방문했다. 우리는 애톨에 살 때 우리와 친하게 지냈던 옛 친구 켄과 에드나 블랙머와 함께 지냈다. 그리고 코네티컷의 사우스윈저로 가서 벤과 리즈와 손자 세 명과 함께 '성 도마의 집'에 사는 사람들을 만났다. 그 후에는 나서 김창만 목사와의 약속을 지키기 위해 필라델피아로 가서 그 곳에 있는 순복음 교회에서 몇 번의 회합을 가졌다. 이 회합에서도 요셉과 버니스가 나와 함께 있었고 하나님은 우리에게 복을 주셨다.

필라델피아를 끝으로 우리는 세계 일주 여행을 마치고 한국으로 돌아왔다. 프라자 호텔에서 옛 친구 귄디도의 손님으로 하룻밤을 지내고 집으로 떠나려고 할 때 나는 또 한 번 의식을 잃었다. 그러나 이번에는 빨리 회복이 되어 서울에서 하룻밤을 더 지낸 후에 집으로 돌아올 수 있었다. 몇 달 후, 이 의식 불명은 나의 불규칙적인 심장 박동(이것 때문에 나는 심장 박동 조절기를 달았고, 결과가 매우 좋앞다)과는 상관이 없는 신경학적인 문제로서, 쉽게 해결될 수 있는 증상임이 판명났다. 하나님이 이 병을 치유해 주시고, 이 병을 치료하기 위해 함께 일한 의사들에게 지혜와 지식과 기술을 주신 것을 찬양한다.

1998년 1월에 대해 이야기를 좀 해야겠다. 그 달은 축제의 달이었다! 우리는 양력 설을 하루 쇠고, 음력 설을 사흘 간 쇠었다. 일반 사람들이 즐기는 이 두 번의 특별한 절기 사이에 우리에게는 또 하나의 특별한 일이 있었다. 그것은 바로 내 80세 생일잔치였다. 우리는 먼저 서울의 민누가 장군의 집에서 흥겨운 잔치를 열었다. 초대된 손님 중에는, 여러 해 전에 예수원 개척일을 도왔고 민씨 가족을 그믐날에 예수원에 데리고 온 조알버트 목사와 그 아내 샤론이 있었다. 우리는 그 곳에서 생일잔치를 한 후, 예수원에 돌아와서 이틀 동안 또 잔치를 벌였다. 어린이들과 청소년들과 그 외 사람들의 노래가 있었고, 슬라이드로 만든 옛날 사진을 배경으로 그동안의 내 인생이 드라마로 연출되었다. 예수원 형제 자매들이 각본을 쓰고 연극을 했던 것이다. 또 벽에는 역사적인 사진들이 붙었다.

그 다음 날에는 1969년 이래 최대의 눈이 내렸음에도 불구하고 많은 손님들이 예수원을 찾아와 주었다. 태백 시장과 마을 친구인 윤바울 주교, 김안드레 목사(그는 한때 수련 지원자로 예수원에 있었다), 그리고 33년 전에 나와 함께 천막에서 살았던 수원의 최야고보와 3명의 예수원 형제들이 연설을 했다. 그 외에도 초기에 우리와 함께 지내던 사람들도 왔다. 그리고 나서 자매들이 준비한 대연회가 있었고, 상수 형제가 만든 8층짜리 케이크가 나왔다. 마치 이것으로는 부족한 양, 엘리사벳 자매가 '여흥'을 돋우었다. 2명의 전문 무용수들이 마술에 가까운 한국 무용을 선보였고, 악기(가야금, 피리, 북, 징) 연주와 함께 노래를 불렀는데, 이것은 모두 하나님을 향한 찬양이었다. 이 모든 것이 꿈만 같았다.

이들은 사랑의 표시로 우리에게 아름다운 비단 한복천을 선물했다. 나는 공동 집회인 미사 때 전통적인 성공회 의상 대신에 한복을 입는다. 서양식 의복들이 사실은 고대 로마의 옷이기 때문에 전통 한복을 입는 것이 적절하다고 생각하는 탓이다. 성공회는 축제 때와 참회 기간과 평상시에 각각 다른 색깔의 의상을 입는데, 나는 그에 적절한 색깔의 한복들을 선물로 받았다. 우리는 선교사 친구들에게 말하고 싶다.

"은퇴하지 마십시오. 아직 좋은 일들이 많이 남아 있습니다!"

이 글을 쓰는 지금, 예수원의 가장 큰 관심사는 북한의 기아 상태와 남한의 실업 문제다. 우리는 계속해서 성경적 경제학을 강조하고 있다. 이에 대해 영어로 쓴 내 책 제4판이 이제 막 출간되었다. 예수원의 토지 학교는 상당한 영향을 미쳤지만 아직 충분하지는 않다. 나는 100년 전에 헨리 조지가 성경을 통해서 배우고 확산시킨 단일세가 해결책이라는 우리의 주장을 신문과 잡지를 통해 이야기했다. 이 제도는 땅을 효율적으로 사용하고 빈민가를 없애며 취업률을 증가시키고 정부가 필요로 하는 모든 세입을 충당해 주기 때문에 다른 세금은 전부 폐지할 수 있는 길을 마련해 준다. 토지세를 채택한 나라들은 거의 완전 고용 상태를 유지하고 있다. 덴마크도 마찬가지였는데, 현재는 지주들이 이 제도를 없애 버렸다. 미국에서도 일부에서는 이 제도를 시행하고 있다(미국에서는 부동산세를 지역 단위로 부과하고 있다. 펜실베이니아와 같은 몇몇 주에서는 두 가지 세율을 적용해서, 해마다 토지에 대한 세금은 높이고 개량한 부분에 대해서는 세금을 낮추어 준다). 이것은 모험가정신(entrepreneurism)에 보상하는 제도이다. 사람은 땅을 생산할 수 없다. 하나님은 충분한 땅을 만드셨고, 모든 사람들이 그 땅을 사용하길 원하신다. 이 제도가 적게나마 시행될 경우, 그 결과는 현저하게 나타날 것이다. 이 제도는 대만, 싱가폴, 홍콩, 알래스카, 펜실베이니아의 여러 도시에서 이미 효과를 나타냄으로써, 경제 위기의 영향으로부터 이 곳들을 지켜주고 있다.

나는 '인구 과잉' 문제라는 것은 없다는 사실을 지적하고 싶다. 지구는 현재 인구의 2배를 수용할 수 있다. 문제는 토지가 효율적으로 사용되지 않고 있으며, 투기꾼들 때문에 전혀 사용되지 않는 토지가 있다는 데 있다. 이것은 적절한 토지세 제도로 해결할 수 있는 문제이다.

그 동안 이러한 연구 결과를 여러 신문과 잡지에 게재할 기회가 많았다. 내가 영어로 쓴 글을 번역해서 실어 준 출판사들에 감사하고, 출판사에서 자체적으로 번역가를 구할 수 없을 경우 나를 위해 번역을 해 준 예수원의 권요섭 형제에게도 감사한다.

나는 앞으로 예수원의 비전을 이루기 위해 의회와 정회원회의의 지휘 아래 예수원과 더불어 계속 일해 나갈 것이다. 글도 더 쓰고 싶다. 강연 초청 때문에 밀어 놓고 있는 글들이 아주 많다. 주님께서 허락하신다면 앞으로 좀더 여행하면서 강연하고 싶지만, 내 모든 계획은 언제나 하나님의 손 안에 있다. 그분은 내가 이제껏 계획할 수 있었던 것들보다 훨씬 더 흥분되고 만족스러운 여행으로 날 이끌어 오셨다. 앞으로의 계획에 대해 내가 알고 있는 것은, 우리가 어떤 계획을 세우든 간에 하나님께서 그것을 바꾸시리라는 사실이다.

내가 예전에 배를 탈 때 겪은 일은 내 마음속에 지울 수 없는 표시를 남겼다. 나는 장래에 대해 계획을 세우고자 하는 사람들을 상담할 때, 하나님의 인도하심을 보여 주는 예로 이 이야기를 종종 사용하곤 한다.

우리 배가 뉴욕 항에 들어갈 때 나는 배의 타륜(舵輪)을 잡고 있었다. 배에는 도선사(導船士)가 타고 있었는데, 그는 선장과 함께 선교(船橋) 오른쪽에서 오른쪽 방향을 바라보며 자신들이 알고 있는 뉴욕 사람들에 대해 잡담을 나누고 있었다. 그들은 우리가 목적지에 제대로 가고 있다는 것을 의심하지 않는 것 같았다. 그러나 나는 배 앞에 위험한 바위가 있는 것을 볼 수 있었고, 우리가 향하고 있는 부두는 배의 왼쪽에 있는 것이 분명했다. 그런데 왜 선장이 배를 왼쪽으로 돌리라는 지시를 내리지 않는지 그 이유를 알 수도 없었고 이해할 수도 없었다.

마침내 나는 신경이 곤두선 나머지 해서는 안 될 일을 했다. 내 의견을 큰 소리로 밝힌 것이다. 지시받은 대로만 움직이면서 "예, 예"라는 말밖에 못 하는 타수는 단조로운 기계 부속품에 불과하다고 생각했다. 그래서 나는 말했다.

"선장님, 죄송합니다만 지금 왼쪽으로 방향을 틀어야 하지 않습니까?"

선장은 너무 충격을 받은 나머지 잠시 할 말을 잃었다. 그러더니 마침내 최대한 엄한 어조로 말했다.

"내가 다른 지시를 내리기 전까지 지금 그대로 가게."

나는 "예, 예, 선장님. 지금 그대로 가겠습니다" 하고 대답하고, 바위를 향해 계속 나아갔다. 선장은 본래 있던 선교에 그대로 머무르면서 여전히 잘못된 방향인 오른쪽을 바라보고 있었다.

몇 분이 흘렀다. 내게는 영원처럼 느껴지는 시간이었다. 마침내 선장이 소리쳤다.

"왼쪽으로."

나는 크게 안도하면서 타륜을 꺾었고, 배는 부두를 향해 나아갔다. 그 때까지도 나는 선장과 도선사가 바라보고 있던 것이 바로 항구에 있는 두 개의 위치 표지였다는 사실을 모르고 있었다. 이 두 표지가 일렬이 될 때 방향을 꺾어야 안전하게 부두에 들어갈 수 있었던 것이다. 왼쪽에는 내가 보지 못한 바위들이 물 속에 숨어 있었다. 만약 내 판단대로 방향을 틀었다면 그 바위에 부딪쳐 배가 침몰하고 말았을 것이다. 항구의 구석구석을 잘 알고 있던 도선사는 두 표지가 일렬이 되는 시점을 지켜보고 있었다. 그리고 그 표지들은 왼쪽이 아니라 오른쪽에 있었다.

그 때 이후로 나는 주님께 내가 진로를 바꾸어야 하는지 여쭈어 보곤 했다. 주님께서는 종종 말씀하셨다.

"내가 지시를 내리기 전까지는 지금 그대로 가거라."

나는 먼 장래의 계획에 대해 염려하지 않는다. 하나님께서 내가 해야 할 것들을 말씀해 주실 시간이 넉넉히 있기 때문이다. 그가 선장이시다. 나는 타수일 뿐이다. 내가 성 미가엘 신학원을 떠나기로 계획했던 시기보다 1년 앞서 사임하겠다는 중대한 결정을 내렸을 때에도 그러했다. 하나님께서는 그렇게 하라고 지시를 내리셨고, 그 지시에는 이유가 있었다. 그 1년 동안 우리는 예수원을 위한 계획을 세우고 그 일에 착수할 수 있는 중요한 시간을 얻었던 것이다. 그 계획들을 세울 때 우리는 주님께 인도를 받았으며, 지금도 마찬가지이다. 그리고 나의 장래에 대한 계획 또한 그렇게 계속 인도함을 받을 것이다. 그가 지시를 내리시기 전까지, 지금 그대로 가리라.

그가 지시를 내리시기 전까지, 지금 그대로 가리라.

한국 교회에 드리는 말

지난 80년 동안 하나님은 당신의 말씀을 통해, 학문을 통해, 인생의 경험을 통해 내게 많은 것을 가르쳐 주셨다. 그것을 토대로 한국 교회를 위해 요약해서 몇 마디 하고 싶다.

먼저 하나님의 유일한 아들로서 십자가에 달리신 예수님, 죄의 대가를 치루시고 사탄으로부터 우리의 자유를 사신 예수님을 높이는 교회들에 대해 하나님께 감사를 드린다. 그 예수님은 성령의 세례를 주셔서 예수님의 이름으로 말하고 치유하며 마귀를 내쫓을 수 있는 능력을 주시는 분이시다. 또한 예수님은 사도들의 시대뿐만 아니라 오늘날에도 전세계의 가난한 사람들에게 복음을 전하라고 하신 그분의 명령을 따르는 데 필요한 사역을 힘있게 할 수 있도록 외적인 능력을 주실 뿐 아니라, 우리가 평생 예수님을 닮아가면서

성장함으로써 우리 삶에서 그를 영화롭게 하는 열매를 맺을 수 있
도록 내적인 능력을 주시는 분이시다. 예수님을 높이며, 성령님에
대해 이렇게 가르치고 사역하는 교회들에 대해서도 감사를 드린다.
우리가 예수님의 가장 큰 선물인 성령님을 무시하면서 예수님을 높
이고 있다고 생각하는 것은 참으로 비극적인 잘못으로서, 이러한
잘못은 실패로 끝날 수밖에 없다. 성령이 계시지 않는 한 우리는 무
력하다. 자신의 힘으로 모든 것을 하려는 것은 똑똑한 바보가 되는
길이다.

성령님의 또 다른 사역은 성경을 통해 이루어진다. 오래 살면 살
수록, 또한 성경과 창조과학과 연대학과 내적 치유 같은 문제들을
공부하면 할수록, 나는 성경에 오류가 없다는 사실을 더욱더 확신
하게 된다. 성경에서 오류라고 생각되는 것을 발견했을 때에는, 판
단을 보류한 채 하나님이 그것을 밝혀 주시기를 기도해야 한다. 때
가 되면 바른 해석을 우리에게 보여 주실 것이다.

성경이 하나님의 말씀이며, 성령님이 주신 것이고, 오류가 없다
고 믿는가? 그렇다면 우리는 성경의 모든 부분을 연구해야 하며, 어
느 한 부분도 무시해서는 안 된다. 여기에는 성경이 어떻게 경제를
가르치고 있는지 연구하면서 경제 정의를 실천하는 일에 참여하는
것도 포함된다. 예수님은 '먼저 하나님의 법칙과 하나님의 정의를
따르라'(마 6:33)고 말씀하셨다. 미가 선지자는 "사람아, 주께서 선
한 것이 무엇임을 네게 보이셨나니, 여호와께서 네게 구하시는 것
이 (먼저) 오직 공의를 행하며, (둘째로) 인자를 사랑하며, (셋째로) 겸

손히 네 하나님과 함께 행하는 것이 아니냐"(미 6:8)고 말했다.

하나님과 함께 겸손히 행하는 것은 많은 교회들이 잘하고 있다. 그리고 나서 긍휼을 베푸는 일, 예를 들어 가난한 사람들을 먹이고 병자들을 돌보는 일도 많이 한다. 그러나 이 두 가지를 하고 난 후에는 대부분의 교회들이 너무나 지친 나머지 공의를 위한 싸움을 시작하기조차 힘든 상태가 된다. 그들은 순서를 뒤바꾼 것이다. 공의를 행하는 것이 먼저다. 공의를 떠나서는 어떠한 긍휼을 베푸는 사역으로도 가난과 억압의 문제를 해결할 수 없다. 이러한 문제들이 생기는 대부분의 원인은 바로 불의에 있기 때문이다.

공의를 위해 어떻게 싸워야 하는지 알고 싶은가? 정의로운 사회, 정의로운 경제 제도가 무엇인지 알고 싶은가? 지혜를 위해 기도하라. 하나님은 구하는 모든 사람에게 지혜를 약속하셨다. 기도하는 자가 요동하지 않고 하나님의 뜻을 행하기로 결심하며, 그가 보여주시는 제도를 따르거나 그 제도를 위해 일하기로 결심했다면 말이다. 그러나 만약 성경적 제도와 세상의 제도 사이에서 자꾸 왔다갔다 한다면 아무리 우리가 공부하고 연구한다 해도 단 한 조각의 지혜도 얻을 수 없을 것이다.

야고보서 1장 5절부터 8절까지와 요한복음 7장 17절은 이 문제에 대한 핵심적인 가르침을 담고 있다. 하나님은 "토지는 내 것이다. 49년이 넘도록 토지를 매매해서는 안 된다"고 말씀하신다. 이것이 경제와 사회 정의에 대한 하나님의 기본적인 가르침이다. 살 집을 짓고, 공장을 짓고, 사업을 할 사무실을 짓고, 시장을 형성하고, 어업이나 국제 무역을 위해 항구를 짓고, 농사를 짓는 모든 일이 땅을 필요로 한다. 이 땅은 하나님이 만드신 것이지 인간이 만든 것이 아니다. 땅을 자기 것으로 주장하는 사람들은 모두 도적이다. 땅은 하나님의 것이다. 우리는 청지기일 뿐이다.

아내와 나는 1998년에 대통령 조찬 기도회에 참석하는 특권을 누렸다. 우리는 기도와 연설에 깊은 감명을 받았다. 그 모든 내용은 우리가 회개해야 한다는 점을 강조하는 것이었다. 회개하도록 권면받은 것 가운데 하나는 개인주의였다. 이 문제가 얼마나 심각한지 알고 있는 그리스도인은 드문 것 같다. 사도 바울은 갈라디아서 5장에서 이것을 '육신의 일'이라고 부르면서, 14가지에 이르는 개인주의의 양상들을 나열하고 있다. 그는 단호하게 "이러한 일을 하는 자들은 하나님 나라의 유업을 받지 못하리라"고 선언한 후에 성령의 열매에 대해 설명한다. 성령의 열매는 먼저 '아가페'의 사랑으로 시작한다. 바울은 고린도후서 13장 13절에서 이것을 다른 말로 설명하면서, 이것이야말로 성령님의 가장 중요한 사역이라고 말한다. 이것은 바로 성령의 코이노니아이다.

모든 교회가 성령의 코이노니아가 된다면 우리는 큰 능력을 가지게 될 것이며, 많은 사람들이 하나님의 나라를 구하러 우리에게 떼지어 몰려올 것이다! 만약에 교회 성장이 둔화되었다면 그것은 코이노니아라는 것이 우리가 가진 모든 것—시간, 물질, 공간, 지식, 은혜—을 나누고 서로에게 100퍼센트 책임을 지는 영구적인 관계가 아니라, 예배 후에 커피 한 잔을 같이 마시는 정도로 변질되었기 때문이다. 사도 요한은 우리가 하나님에 대해 경험하거나 알고 있는 모든 것을 나누는 목적은 우리가 서로 코이노니아를 가지기 위함이며, 이 코이노니아는 성부 하나님과 성자 하나님이신 예수 그리스도와 함께 나누는 것이라고 했다. 하나님은 당신의 유일한 아들을 우리에게 주셨는데, 우리는 우리에게 소중한 모든 것을 서로 나누지 못하겠는가?

영어나 한국어에는 코이노니아라는 단어를 번역할 말이 없다. 그냥 헬라어 그대로 사용하면서 그 의미를 찾기 위해 성경을 연구하고, 우리 교회와 가정과 사회 속에서 그것을 실천하자.

한 가지 더 이야기한다면, 성경은 은혜 가운데 자라는 것에 대해 많은 것을 이야기하고 있다. 한 사람이 거듭나면 그는 어린아이로 새로 태어난 것이다. 그 후에는 하나님 안에서 자라나야 한다. 지금은 교회의 성장을 강조할 때이다. 우리는 성숙과 성장에 대한 찬송을 불러야 한다. 그리고 사람들이 어떻게 성장해야 하며, 성숙한 그리스도인은 어떤 사람인가에 대해 설교해야 한다. 우리에게는 성숙한 목회자들이 필요하다. 현재 목사 안수를 받기 위한 모든 조건은 성숙보다는 지식을 강조하고 있다. 나는 성숙한 교회를 위해 기도한다.

하나님의 은총이 여러분에게!

연보(年譜)

1918	1월 19일, 중국 산동성 제남에서 태어나다.
1928-1932	북중국 미국인 학교(North China American School)에 다니다.
1933-1934	한국 평양 외국인 학교에서 수학, 졸업하다.
1934-1935	중국 연경 대학(Yenching University)에서 수학하다.
1935-1939	데이비슨 대학(Davidson College, 남침례 신학교)에서 학사 학위 받다.
1939-1941	프린스턴 신학교(Princeton Theology Seminary)에서 수학하다.
1940-1941	유에스 엔지니어(U. S. Engineers)에서 시간기록원으로 근무.
1941-1942	철강 회사(Structural Iron Work)에서 철공으로 근무.
1942-1947	단속적으로 선원 생활을 하다.
1943-1945	남부 대학(University of the South, 성공회 신학교)에서 석사 학위 받다.
1946	2월 2일 사제 서품을 받다(조지아 교구).
1946-1948	조지아 주 다리엔(Darien)에 있는 성 안드레 교회(St. Andrew's Church)와 성 키프리언 교회(St. Cyprian's church)에서 목회하다.
1949	목회자 상담 훈련 과정(Institute of Pastoral Care) 참석.
1949-1957	매사추세츠 주 애톨(Athol)에 있는 성 요한 교회(St. John's Church)에서 목회하다.
1950-1951	하버드 대학(Harvard University)에서 수학하다.
1957-1964	한국에 와서 성 미가엘 신학원을 재건립하여 신학원장으로서 사역하다.
1958-1959	연세대학교 한국어 학당 졸업.
1961	영국 성 어거스틴 대학(St. Augustine's College) 졸업.
1965	강원도 황지(현 태백) 하사미에서 예수원을 시작하다.
1974	강원 교무구 총사제로 임명되다.

1985	한남대학교에서 린튼 상(Linton Prize) 수상.
1990	미국 남부 대학에서 명예 신학박사 학위를 받다.
1995	예수원 원장직을 사임하다.
2002	8월 6일, 84세로 영면.

저서

산골짜기에서 온 편지 1권-5권 (국민일보사, 1982, 90, 91, 93, 98).

산골짜기에서 외치는 소리: 성령론 2 (한국양서, 1985).

나와 하나님 (도서출판 예수원, 1988; 홍성사, 2004).

우리와 하나님 (도서출판 예수원, 1988; 홍성사, 2005).

토지와 자유 (무실, 1989).

기독교는 오늘을 위한 것 (무실, 1990; 홍성사, 2009).

신학과 사회에 대한 성경의 가르침 (CUP, 1998).

대천덕 신부가 말하는 토지와 경제정의 (홍성사, 2003).

대천덕 절기 설교 (홍성사, 2006).

두 체제를 잇는 가교, 대천덕 외 편 (무실, 1989).

아직도 계속되는 꿈, 대천덕 외 (CUP, 1998).

Letters from a Mountain Valley (생명의 말씀사, 1992).

Biblical Economics (도서출판 예수원, 1995).

Message to GCOWE-95 (도서출판 예수원, 1995).

옮긴이 **양혜원**

서울대학교 불어불문과를 졸업하고 수년간 기독교 서적 전문 번역
가로 일했다. 이화여자대학교 대학원에서 여성학 석사를 수료했으
며, 미국 Claremont Graduate University에서 종교학 석사 및 박사
학위를 받았다.
《유진 피터슨 읽기》(IVP), 《교회 언니, 여성을 말하다》(포이에마) 등
의 책을 집필했으며, 《물총새에 불이 붙듯》, 《하나님의 진심》(이상
복있는사람), 《쉐퍼의 편지》, 《기독교적 숙고》(이상 홍성사) 등 유진
피터슨과 C. S. 루이스의 저서를 비롯해 다수의 책을 번역하였다.

대천덕 자서전

: 개척자의 길

The Founder of Jesus Abbey
: Path of a Pioneer

지은이 대천덕
옮긴이 양혜원
펴낸곳 주식회사 홍성사
펴낸이 정애주
국효숙 김의연 박혜란 손상범
송민규 오민택 임영주 차길환

1998. 12. 21. 초판 1쇄 발행   2016. 4. 11. 초판 17쇄 발행
2024. 2. 13. 무선 1쇄 인쇄   2024. 2. 28. 무선 1쇄 발행

등록번호 제1-499호 1977. 8. 1.
주소 (04084) 서울시 마포구 양화진4길 3   전화 02) 333-5161   팩스 02) 333-5165
홈페이지 hongsungsa.com   이메일 hsbooks@hongsungsa.com
페이스북 facebook.com/hongsungsa
양화진책방 02) 333-5161

ISBN 978-89-365-1578-2 (03230)